EL LIBRO DE
LÁZARO

Santiago Bernal Melero

BALBOA.
PRESS

A DIVISION OF HAY HOUSE

Puede hacer pedidos de libros de Balboa Press en librerías o poniéndose en contacto con:

Balboa Press
Una División de Hay House
1663 Liberty Drive
Bloomington, IN 47403
www.balboapress.com
1 (877) 407-4847

Debido a la naturaleza dinámica de Internet, cualquier dirección web o enlace contenido en este libro puede haber cambiado desde su publicación y puede que ya no sea válido. Las opiniones expresadas en esta obra son exclusivamente del autor y no reflejan necesariamente las opiniones del editor quien, por este medio, renuncia a cualquier responsabilidad sobre ellas.

El autor de este libro no ofrece consejos de medicina ni prescribe el uso de técnicas como forma de tratamiento para el bienestar físico, emocional, o para aliviar problemas médicas sin el consejo de un médico, directamente o indirectamente. El intento del autor es solamente para ofrecer información de una manera general para ayudarle en la búsqueda de un bienestar emocional y espiritual. En caso de usar esta información en este libro, que es su derecho constitucional, el autor y el publicador no asumen ninguna responsabilidad por sus acciones.

ISBN: 978-1-5043-4772-3 (tapa blanda)
ISBN: 978-1-5043-4773-0 (libro electrónico)

Información sobre impresión disponible en la última página.

Fecha de revisión de Balboa Press: 4/26/2016

Contenido

A ti, que has querido acompañarme en este viaje.

Introducción

La finalidad de este libro es ayudar. El método que utilizo es compartir sin reservas.

Me consta que muchas personas tienen una visión tenebrosa y conflictiva de la vida puesto que yo mismo era una de ellas. Esa forma de pensar condicionó toda mi existencia y me llevó a caer en el abismo de la depresión bipolar.

Sin tener idea de cómo o cuándo iba a mejorar, inicié un proceso de recuperación que me llevó a un lugar totalmente inesperado. Como parte y resultado de aquel proceso, comencé a vivir toda clase de experiencias singulares que intento describir aquí de la mejor manera posible, consciente de la dificultad que entraña utilizar solamente palabras para conseguirlo.

Desde el primer momento en que se produjo el cambio en mí, sentí la necesidad de compartir todo lo que tuve la fortuna de recibir en aquel instante. Al principio surgieron dudas sobre cómo hacerlo, si lograría hacerme entender o me tacharían de "loco". Afortunadamente, aquellas nubes pasajeras cedieron su puesto a luminosas "coincidencias" que me animaron a materializar ese deseo.

Independientemente del momento en el que te encuentres, espero que algún pasaje del texto te permita reencontrar tu natural coraje para cambiar, de forma permanente, cualquier opinión negativa que tengas de la VIDA. El objetivo es que puedas verla a cada instante como lo que es: una ENORME OPORTUNIDAD para recordar quién eres en realidad. Cuando lo consigas —lo cual es seguro y puede suceder AHORA mismo— podrás beneficiarte de todas las bondades que ese CAMBIO conlleva.

Ojalá experimentes todo lo que sentí al escribir este libro para ti.

Prólogo

¿Cómo ha podido mi madre olvidarse de mí? Esa pregunta surgía en mi mente una y otra vez aquella tarde del 15 de febrero de 1991.

Todos los demás alumnos del colegio Nuestra Señora de Belén se habían marchado ya. Mi hermana Pilar, catorce meses mayor que yo, se encontraba en el funeral de su amiga Milagros, fallecida el día anterior a causa de una enfermedad mortal. Así pues, solo quedaba yo junto a aquella verde puerta metálica. Como cada tarde después de clase, mi madre debía recogernos allí para llevarnos al club en la periferia de Murcia.

Tanto a nivel académico como en el deporte, todo iba sobre ruedas para mí. Desde muy pequeño sobresalía en cada disciplina deportiva en la que formaba parte. Acababa de rechazar la oferta del equipo de fútbol de la ciudad en favor de la raqueta. A la hora de tomar aquella decisión, estaba siendo honesto conmigo mismo. No en vano, cuando tenía cinco años vi mi primer partido de tenis por televisión, señalé la pantalla, y sin dejar de mirarla, dije: "Mamá, eso". Al día siguiente empecé a tomar clases en el club polideportivo que había al lado de casa.

Nada más comenzar a golpear la pelota, me envolvía una sensación de total libertad. Sentía que estaba en mi elemento. Durante los cinco minutos de calentamiento previos a cualquier partido, era capaz de analizar técnica y emocionalmente a mi adversario. A diferencia de mi carácter extrovertido e inquieto fuera de las pistas, como jugador era serio, callado, observador, pero eso sí, con muy mal genio. Algunos ya hablaban de mí como "la promesa del tenis murciano" a pesar de mis recién cumplidos doce años. Saludar a personas desconocidas que se paraban a felicitarme, tanto en torneos como por la calle, se había convertido en costumbre. Incluso la televisión regional me hizo una entrevista el verano anterior.

Pasaron cuarenta minutos de penosa espera. Seguía sin aparecer nadie. Desesperado, decidí ponerme a caminar dirección a mi casa. ¡Aún estaba a tiempo de llegar al entrenamiento! Mientras andaba a paso ligero por la avenida de Santiago, pensaba en los improperios que iba a lanzarle a mi madre cuando la viera. Era la primera vez que se olvidaba de recogerme y estaba dispuesto a lograr que fuera la última.

Encaré el carril donde vivíamos con un enfado monumental. Cada paso que daba, aunque firme y decidido, se me hacía eterno. Estaba deseando llegar a casa. La mochila del colegio pesaba una tonelada. Además, estaba empezando a sudar como si de un partido de tenis se tratara. Todo ello propiciaba que fuese agachando poco a poco la cabeza como un toro a punto de embestir al caballo de rejoneo.

Recuerdo la hierba verde a ambos lados de la calzada. No había ni un alma por la calle. Llegué a la altura de mi casa. Vi ambos coches aparcados fuera, el de mi padre y el de mi madre. "¡Encima están aquí los dos! Ya podían haberse puesto de acuerdo para recogerme", gruñí.

Llamé a la puerta pero nadie abría. Mi abuela paterna, que vivía justo al lado de mis padres, me facilitó una copia de las llaves de casa. Abrí la puerta principal con violencia. Cerré de un portazo. Me adentré en el pasillo. Pude oír la televisión al fondo. "Están viendo la tele tan tranquilos... ¡Estos dos se van a enterar!", pensé.

Recorrí cada metro del sombrío e interminable corredor. Fui dejando atrás las puertas cerradas de cada una de las distintas estancias. Mi objetivo era el salón donde me imaginaba que estarían sentados viendo la televisión. Antes de llegar, pasé junto a la puerta de la habitación de mis padres. Al intuirla entreabierta, miré de reojo. Me detuve súbitamente frente a ella. Terminé de abrirla con la mano izquierda. Durante unos segundos, me quedé mirando aquella escena bañada por la luz del ocaso...

Mi madre yacía boca abajo sobre la esquina inferior del lado izquierdo de la cama matrimonial. Mi padre, perfectamente tumbado en su lugar de la cama, tenía la cabeza apoyada en la almohada y los ojos abiertos como mirando al cielo. En aquella habitación solo quedaba sangre, silencio y muerte.

1

TOMAR CONCIENCIA

Cuando el río suena

Familiares y amigos habían intentado hacerme ver que algo pasaba. En más de una ocasión me hablaron de mis salidas de tono, mis cabreos por tonterías, la racanería, la hipocondría y la necesidad de tomarme las cosas de otra manera.

"Yo soy así. No pienso cambiar. ¡Si no te gusta, ya sabes dónde está la puerta!".

Tajante e iracundo, solía arrojar esa frase lapidaria cada vez que alguien osaba sacar el tema del cambio. "¿Qué necesidad tengo de cambiar?", acostumbraba a preguntar. Creía que no había ninguna razón para ello y cortaba la conversación cuando a mí me apetecía. Terminaba convenciéndome de que eran los demás los que debían ver la viga en su propio ojo. Encontraba mil razones para desautorizar a cualquiera tales como "no tiene ni idea", "no sabe nada sobre mí", "está menos cualificado", "no ha sufrido ni la cuarta parte que yo" o mis favoritas: "es muy joven e inexperto" y "es demasiado mayor; no puede entenderme".

Insoportables eran las situaciones de tensión aunque bien acostumbrado estaba a ellas porque solía ser yo mismo quien las provocaba. La paciencia no era una de mis virtudes. Daba igual si la otra persona había terminado de hablar o no. En un momento dado, dejaba de escuchar y mostraba mi soberbia lanzando alguna frase envenenada seguida de un sonoro portazo.

Otra de mis "perlas" era ésta: "¿Quién es la gente para decirme lo que tengo que hacer?".

Usaba la ironía y el sarcasmo para ridiculizar, mostrando a la vez un oculto anhelo de ser especial. Sin embargo, rechazaba con vehemencia cualquier comentario del mismo tipo hacia mi persona.

Saltaba al más mínimo roce. Para mí, la diferencia entre un estado de calma y la furia más absoluta era una sola palabra o un gesto. Nadie podía poner en duda algo relacionado conmigo. Todo aquel que se atreviera a llevarme la contraria salía escarmentado sin importar cuánta razón tuviera. Sabía con claridad todo lo que necesitaba. Me había forjado una reputación a base de superar innumerables contratiempos, de esforzarme hasta la extenuación, de trabajar como el que más y darlo todo en cada proyecto que emprendía.

Bueno, eso de emprender es un decir, ya que siempre tuve un miedo inconfesable a tomar decisiones arriesgadas como montar un negocio. Aunque ganas no faltaban, el pánico a iniciar tal aventura era atroz. Nunca parecía ser el momento adecuado para empezar nada. Siempre decía que era mejor esperar a que las condiciones mejoraran para sacar adelante alguna idea. Los pretextos que más utilizaba solían ser:

"Si tuviera más dinero, lo haría"; "cuando mejore el panorama económico me pongo con ello"; "si tan solo un mentor o un mecenas confiara en mí, triunfaría"; "todo se solucionará el día que cambie este gobierno".

La indecisión además de la consecuente dilación eran mis compañeras de viaje por lo que dejaba a medio todo aquello que comenzaba.

Era incapaz de entender la necesidad de relación entre las personas. El interés se alzaba como la única razón para mantener una o iniciar otra nueva. Pasaba a la gente por una especie de filtro capaz de extraer, únicamente, aquello que podían ofrecerme para satisfacer mis necesidades. Una vez saciada mi sed de continua mejora, la relación se terminaba por lo que esas personas pasaban a recibir solamente un saludo.

Conversar con otra gente atendiendo a sus problemas me hacía sentir ansioso. Notaba cómo el tiempo que se me había dado se escurría entre cada palabra de cualquier conversación. Mi habilidad empática era la justa para no llevarme un tortazo.

"¿Acaso saludar al vecino de setenta años y preguntar qué tal está me aporta dinero? Entonces, ¿para qué dedicarle un solo segundo de mi vida?", pensaba.

"Tengo muchas cosas que hacer", solía comentar. Sentía muy dentro eso de "el tiempo es oro". Por ello, no podía permitirme el lujo de perderlo charlando. Había que producir. El resultado de dicha actitud materialista era una acusada tacañería que me inducía a entrar en toda clase de disputas. No me daba ni un capricho. Regalar tampoco entraba en mis planes. Ni que decir tiene que yo me consideraba una persona ahorradora que miraba por el bien de su familia, buscando nuestra seguridad económica.

Todo este tema del dinero me hacía codiciar en secreto la vida de algunos de mis amigos. Veía con ojos infectados de envidia sus posesiones materiales. Adoraba la aparente libertad de movimientos que desplegaban por los establecimientos de cualquier ciudad. Eso hizo que persiguiera ese ideal desde muy pequeño incluso de forma inconsciente, transformándolo en la brújula que me guiaba a la hora de tomar decisiones. Esta disposición se podía apreciar en la respuesta que le di al padre de una amiga, quien me preguntó sobre la profesión que había elegido estudiar tras acabar el instituto:

"Voy a ser arquitecto porque así aprovecho la buena nota que he sacado en las pruebas de acceso a la universidad. Además, dicen que se gana dinero", respondí.

El grado de perfeccionismo con el que impregnaba cada cosa que hacía rozaba lo exasperante. Esto elevaba mi estrés al máximo tanto en casa como en el trabajo. La ansiedad por llegar al resultado final de cualquier proyecto era brutal. La presión que ejercía sobre mí mismo era tal que no necesitaba un jefe para sacarme de quicio. Todo ello me impedía habitualmente obtener diversión durante el proceso. La tensión constante se reflejaba en mi cuerpo y en mi rictus impasible durante gran parte del día. La seriedad era un rasgo típico de mi carácter. La connotación profesional que se le suele atribuir a dicha palabra se convirtió en una motivación. Sin embargo, en mi caso el adjetivo "serio" se iba transformando sigilosamente en "taciturno".

Irrelevante e innecesaria era toda persona incapaz de mantener una conversación decente sobre ciencia, literatura, filosofía, cine, música, series de televisión o deporte. Mi marcado aunque disimulado esnobismo contrastaba con el hecho de que no era profesional o entendido en ninguna de esas materias. A pesar de ello, dar mi opinión sobre cualquier tema, incluso con la intención de ayudar, era necesario para aparentar "conocimiento" y "cultura". Ello hacía que me interesara por casi todo aunque, en realidad, no supiera de nada.

Lo más cerca que estuve de "ser alguien" en un campo determinado fue de jovencito cuando intenté labrarme un futuro como deportista de élite. Terminé abandonando dicha meta por miedo al fracaso, utilizando como excusa la subjetiva obligación de iniciar mis estudios universitarios. Al finalizar la carrera, me convertí en un arquitecto más. Eso parecía suficiente para mantener aquella imagen de cultureta. Sin embargo, pocos años después, el afán por aparentar mezclado con la necesidad de encajar me empujó a realizar un curso de doctorado.

A pesar de mi bagaje académico seguía habiendo cierto atisbo de ordinariez en mi manera de comunicar que incitaba al conflicto. Esto era evidente no solo a la hora de hablar, sino también en cuanto a la comunicación no verbal. Mis caras eran todo un poema cuando el hambre y el sueño aparecían. Cada vez que tenía que permanecer despierto pasadas las doce de la noche, parecía poseerme el espíritu de un animal salvaje. Enojado por el cansancio, sacudía zarpazos para deshacerme de todo aquel que anduviera cerca. Tenía que acostarme a la mayor brevedad posible o sería demasiado tarde. Bastaba simplemente una mirada para dejárselo claro a quien osara dirigirse a mí.

La enorme timidez que me caracterizaba convertía en hazaña lo que para otros era mera rutina. Salir a la calle a comprar el pan se convertía en toda una odisea. Pensar en que algo de mi imagen exterior podía desentonar o estar mal encajado ese día me hacía sudar litros y ruborizarme. Ello provocó que, desde mi etapa del instituto hasta la edad adulta, utilizara ciertos patrones de comportamiento destinados a eludir el contacto con otras personas. Por ejemplo, solía caminar mirando al suelo o al cielo sorteando cualquier intercambio de miradas. También daba rodeos para evitar tener que conversar al encontrarme con alguien conocido.

Utilizaba toda clase de supersticiones para lograr cualquier objetivo tanto en el deporte como en los estudios. Aunque lo disimulaba bien, a veces se hacía imposible evitar alguna pregunta al respecto por parte de alguien de mi entorno. La desconfianza hizo que acudiera a estos trucos para así echar la culpa a la suerte. Otras veces, a pesar de mi acentuado ateísmo agnóstico, directamente la tomaba con Dios. De esta forma logré convencerme de que todo lo "bueno" que me ocurría tenía su origen en mi intelecto y habilidades, mientras que todo lo "malo" debía tener una causa externa a mí.

La voluntaria falta de comunicación con el resto del mundo me llevó a centrarme en la capacidad de escuchar y observar. El hecho de jugar al tenis facilitó su desarrollo, ya que me obligaba a centrarme tanto en las virtudes como en los puntos débiles del adversario además de en los míos propios. Estudiar Arquitectura enfatizó dicha habilidad, debido en gran parte a la exigencia de prestar atención a cada detalle de un proyecto. Asimismo, la ausente necesidad de hablar en cualquier conversación me permitía fijarme en las personas: sus gestos, su forma de hablar, el tono de voz, el lugar donde ponían el acento, los tics nerviosos, las manías, etc. Al principio, usaba esa información para juzgar, aunque pronto me di cuenta de que podía hacer uso de ella para divertirme imitando a todo el mundo.

Me granjeé cierta popularidad entre mis amigos dando vida a la persona que ellos propusieran a través de los gestos y la voz. Recuerdo un día en Granada cuando, en una entrega final de proyectos, mis compañeros me animaron a actuar en plena clase. Pese a mi timidez acabé imitando al profesor quien, a partir de ese momento, supo de mi existencia. Mi silencio habitual me había facilitado pasar desapercibido durante varios meses. Me sorprendía comprobar que aquellos momentos en los que mostraba mi talento para hacer reír fueran los más felices. Nunca olvidaré la cara de los compañeros de absoluta atención a cada gesto que hacía. El espectáculo parecía sacarles del estado de permanente agotamiento debido a las noches sin dormir por las continuas entregas. La ansiedad por la cercanía de los exámenes, la desilusión por las asignaturas no aprobadas y el cansancio acumulado cedían ante la risa y la alegría de aquel instante.

Mi acentuada aversión tanto a las aglomeraciones como al ruido hizo que adorara el amplio espacio de las bibliotecas así como el silencio en la lectura. Delicioso era contemplar los anaqueles llenos de libros sobre todos los temas posibles. Cuando leía, devoraba las páginas, sobre todo, aquellos pasajes que parecían revelar una añorada verdad. Únicamente determinados libros o autores de la talla de Shakespeare, Cervantes o Platón eran capaces de hacerme sentir que me acercaba a ella. Al terminar una de esas lecturas, la sensación que me quedaba era de frustración. Pensaba que iba a necesitar varias vidas para poder desvelar, a través de la lectura, ese secreto que tanto se me resistía.

El respiro

Una etapa maravillosa de auténtica relación conyugal. Así fue nuestra estancia en Roskilde, Dinamarca. Durante varias semanas, pudimos saborear la tranquilidad de poner tierra de por medio entre nosotros y los conflictos. Fue un cambio de chip. Todo era nuevo para los tres. Los problemas parecían haberse quedado en Murcia a cinco horas de distancia.

El panorama económico español a finales del año 2013 seguía siendo poco halagüeño. Marta y yo teníamos la sensación de estar huyendo de una especie de ciclón que estaba destruyendo todo a su paso. Ambos reconocíamos que ese distanciamiento tanto físico como emocional con respecto a los asuntos laborales y familiares nos hacía mucho bien. Era como estar en el paraíso tras haber visitado asiduamente el infierno.

La razón es que habían sido años difíciles. El 2009 nos dejó la pérdida de mi empleo como arquitecto a principios de año debido a la crisis global. A esto se le sumó la noticia en diciembre de la enfermedad de la madre de Marta. Aquello cayó como una bomba en el seno familiar tan solo un mes antes del nacimiento de nuestra única hija, Sara. En 2012 era el turno de mi suegro Bruno, quien daba la noticia de su cáncer de pulmón a la familia. Además de su propia enfermedad, desde ese momento mi suegra tuvo que hacerse cargo de su marido. Así estuvieron durante cuatro agónicos meses hasta que, en septiembre de ese año, el padre de Marta murió. En la Navidad de aquel 2012, Marta recibió la noticia de que su abuela paterna había muerto. Debido a las disputas familiares por ambas herencias, el año 2013 se convirtió en un estresante vaivén emocional.

Sara estaba encantada de visitar la ciudad donde vivía y trabajaba su "tío Carlos", mi primo. El hecho de tener la oportunidad de practicar con otras personas el inglés que yo le había enseñado, hizo que se soltara con el idioma. ¡Incluso se atrevía con frases en danés! Conoció a varios niños daneses de su edad que la acogieron de muy buen grado, igual que los adultos hicieron con nosotros. La flexibilidad que la niña mostraba a sus casi cuatro años, desenvolviéndose con naturalidad en ambientes distintos, no dejaba de sorprendernos.

Durante aquel lluvioso mes de diciembre, me recorrí toda la ciudad de Roskilde en bicicleta. Llamé a más de treinta puertas de distintos estudios de arquitectura. Daba la sensación de que los cinco años que trabajé como arquitecto y mi experiencia en cálculo de estructuras no eran suficiente.

Una mañana, la dueña del apartamento donde nos alojábamos me instó a buscar un puesto como profesor auxiliar de español. Cogí la bicicleta que mi primo me había prestado, y bajo una intensa lluvia, visité todos los que pude sin resultado aparente. Tenía la sensación de que todo el esfuerzo que empleaba en lograr un puesto de trabajo resultaba inútil. Los días pasaban rápidamente y las esperanzas para encontrar un empleo así como nuestro presupuesto iban disminuyendo. Al menos me quedaba el consuelo de haber podido entrenar con el equipo senior del club de tenis de la ciudad.

La primera fase de nuestra humilde epopeya daba a su fin y hubo que volver. El vuelo de regreso a España estaba programado para el día de Nochebuena. A pesar del desánimo, habíamos decidido iniciar una nueva vida en Dinamarca. Por ello, teníamos comprados los billetes de vuelta a Copenhague para el primero de enero del 2014. Dejamos todas nuestras cosas empaquetadas en el pequeño pero acogedor apartamento, el cual quedó reservado para nuestra vuelta a Dinamarca en una semana.

Llovía a cántaros sobre la pista de aterrizaje. Nada más despegar, comenzaron las turbulencias que se mantuvieron activas casi todo el trayecto. Fue uno de los peores viajes que habíamos tenido nunca en avión.

En alguna parte del cielo, sobrevolando algún punto de Alemania o Francia, Marta me miró sobresaltada. Aprovechando que la niña se había dormido, le pregunté si todo iba bien. Fue entonces cuando me contó que, minutos antes de dormirse, Sara le había dicho: "Mamá, el avión se va a caer. Todos están muertos".

El pozo

He de confesar que sentí cierto alivio cuando el avión aterrizó. Mi tía María Gloria, hermana mayor de mi madre, nos recogió en Alicante. Ella fue nuestra tutora hasta que mi hermana y yo cumplimos la mayoría de edad. En mi caso, esto último coincidió con el traslado a Granada para iniciar la licenciatura en Arquitectura.

Llegamos a casa de mi tía en Murcia. La cena de Nochebuena con mi familia materna transcurrió entre besos, abrazos, regalos, anécdotas varias y risas.

Pasada la medianoche, nos tuvimos que marchar los tres a dormir a la casa de Antonia, mi suegra, en el centro de Murcia.

Desde la muerte de mi suegro tuvimos que ayudar en lo posible a la madre de Marta: transporte a hospitales, ir de compras, papeleo, estancias de fin de semana con ella en su casa durante el curso lectivo y quincenas en periodo vacacional, etc. En esa tarea, ayudaban también sus otras dos hijas mayores.

Hacía bastante tiempo que yo notaba que todo aquello estaba mermando nuestra relación de pareja. Cuando Marta le habló de nuestra intención de buscar un futuro en Dinamarca, la mujer se lo tomó con resignación aunque dejó bien clara su postura desfavorable. He de reconocer que esa actitud de reproche hizo mella en mí. Después de todo lo que su hija había hecho por ella, ¿por qué no era capaz de animarla a dejar el nido y buscarse un futuro mejor? Esta pregunta, que me acompañó durante toda nuestra aventura, martilleaba mi cabeza cuando se abrió la puerta de la casa de Antonia. Mi suegra en persona nos recibió tras más de un mes sin vernos.

Yo parecía el hombre invisible. La madre de Marta tuvo palabras de bienvenida únicamente para su hija y nieta. Sentí el desdén inmediatamente. Me limité a meter las maletas en el dormitorio. Era más de la una de la mañana y el día había sido "movidito".

Llegó así el 25 de diciembre. Preparábamos las cosas para la comida familiar de Navidad a la vez que nos turnábamos para jugar con Sara. Mi suegra respondía al teléfono sin cesar.

Caminaba por el pasillo mirando al cielorraso para que el antibiótico me hiciera mejor efecto sobre el orzuelo del ojo derecho. En eso que escuché a mi suegra hablando con unos familiares sobre nuestro regreso. Les comentó que en casa estaban ella misma, Sara, Marta y "su pareja", refiriéndose a mí. Pensé que había escuchado mal. "¿Once años junto a su hija menor, casados, con una niña y solo soy 'su pareja'?", cavilé. Al colgar, Marta se acercó desde la cocina y preguntó a su madre si quiso referirse a mí. "Este tío no me ha dicho ni dos palabras desde que ha llegado", le contestó.

Escuchar aquello encendió en mi interior un fuego que me era familiar. Lo había sentido ya antes cada vez que pensaba que se cometía una injusticia o que alguien me llevaba la contraria en un tema crucial. Mi "mala uva" había sembrado el desconcierto y el miedo entre familiares, amigos y compañeros de trabajo a lo largo de mi vida adulta. Ese fuego abrasador siempre me hacía expulsar improperios varios. Una vez abierto el grifo era imposible cerrarlo. Aun así, en aquella ocasión me contuve.

Regresé a nuestra habitación y me vestí con ropa de calle. Después, me dirigí alterado donde se encontraba mi suegra. Le dije que quería tener la fiesta en paz y que ella disfrutara de hija y nieta esos días antes de regresar a Dinamarca. Ella contrarrestó mi comentario con palabras nada reconciliadoras. Cabreado, decidí marcharme porque presentía que podía ocurrir algo desagradable. Estaba abriendo la puerta principal, cuando Marta me detuvo y dijo: "Ahora termina de abrir la lata". La miré atónito sin poder comprender por qué me animaba a la lucha. "¿No se da cuenta de que alguien saldrá mal parado de todo esto?", pensé. A pesar de ello, suspiré y volví a entrar.

La batalla comenzó en el salón de la casa. Nos echamos en cara mutuamente toda clase de cosas. Empezaron a abrirse carpetas que creía cerradas para siempre. Ninguno daba su brazo a torcer. El nivel sonoro de la discusión iba en aumento. Parecíamos dos lobos luchando a muerte.

El choque continuó en la cocina donde ella se refugió en un momento dado. Marta me instó a seguir a su madre para tranquilizarla pero yo iba decidido a rematar la faena. Sin embargo, mientras me dirigía hacia allí, empecé a darme cuenta de que el combate estaba desequilibrado. Estaba usando todo mi arsenal contra una mujer muy enferma. Ocurrió que empecé a olvidar el ataque para intentar la reconciliación pero era demasiado tarde. Aunque suavicé mis frases, el mensaje no llegaba a unos oídos doloridos por el estrépito de mis anteriores comentarios. El daño estaba hecho; la herida, abierta y sangrando.

Tensos y acalorados minutos pasaron. La discusión llegó a un punto muerto. En un intento de evadirse de la realidad, mi suegra se puso a cocinar mientras sollozaba pidiendo morir en paz de una vez. La escuchaba sin poder moverme. A partir de ese momento, comenzó un diálogo que no entendería hasta unos meses después:

—Vosotros habéis sido como unos padres para mí...

—¡De eso nada! Tú no habrías abandonado a tu madre enferma para emigrar.

—Perdóname... —dije sollozando, y añadí—: Tú eres una catedrática emocional; yo, un palurdo que no sabe manejar sus emociones ni relacionarse con la gente.

Tras unos segundos observándome dubitativa, contestó:

—¡Déjate de catedráticos! Tienes que espabilar y aprender de una vez... —hizo una pausa, y continuó—: Te perdono. Pero no puedes seguir así; tienes que cambiar. No aceptas las críticas. Cuando decimos algo que no te cuadra te callas, te encierras y no hablas.

Se marchó a su habitación destrozada. Me quedé de pie en la cocina, mirando al infinito.

¿Qué he hecho? ¿Cómo he podido hacerle esto a una persona tan enferma? ¿Qué clase de bestia inmunda soy?

Dejé que todo mi peso cayera sobre la silla más cercana. Mis lágrimas brotaban como riachuelos. Pasaba el tiempo y seguía en la misma posición. Al cabo de un rato, apareció otra vez y me animó a secarme las lágrimas.

—¿Qué piensas Santi? ¿No vas a decirme nada? ¿Vas a quedarte callado como siempre y aislarte? —Tras una breve pausa, añadió—: Venga, vamos a olvidarlo.

No podía articular palabra. Nada me venía a la mente. Me sentía completamente sucio.

Sonó el timbre. Todos llegaban para la comida. ¡La contienda había durado más de una hora!

Marta y su madre preferían que no me viera nadie por lo que me exhortaron a ir a una habitación. Lo más cercano era un aseo junto a la cocina que daba al patio interior. Mientras entraba en él, pensé que intentaban volver a ocultar cosas a los demás, lo cual detestaba. Al mismo tiempo, entendía que no daba gusto ver a alguien en mi estado nada más llegar a una celebración.

Cuando cerraron la puerta de aquel aseo, el tiempo se detuvo.

¿Qué ha pasado? ¿Qué hago sentado encima de la tapadera de un retrete?

Mi cuerpo estaba agotado, sin energía, sin fuerzas para seguir, sin saber qué hacer, qué decir o dónde ir. Había tocado fondo. Lentamente, fui rememorando lo ocurrido sin entender cómo me había metido en aquel pozo. La culpabilidad comenzó a devorarme. Me retorcía pensando que yo era merecedor de todo eso. La desorientación era total.

¿Es realidad o ficción lo que acabo de experimentar? ¿Me lo habré imaginado todo?

La desilusión también hizo acto de presencia. Durante unos segundos, tuve la sensación de que todo en mi vida era una mentira. Me sentía solo, desahuciado e incapaz de buscar una solución, una alternativa.

El dolor físico apareció como consecuencia de "la caída en el pozo". Al agotamiento, los temblores, la sudoración, el mareo, la taquicardia y la opresión torácica le siguió un dolor de cabeza como jamás había tenido. Recuerdo pensar que seguramente la muerte física no debía ser muy distinta a eso. Por primera vez en mi vida, estaba siendo presa del pánico.

Tras más de media hora dentro de ese agujero, Marta entró como un soplo de aire fresco abriendo la puerta. Después de escuchar mi desesperada descripción del estado deplorable en el que estaba, me convenció para salir de allí. Me acompañó hasta el dormitorio principal.

Hundido por completo, me tumbé en la cama donde quince meses antes mi suegro expiró. Con la persiana bajada, tan solo un finísimo hilo de luz se colaba dentro. ¡La cabeza me iba a estallar! Me presionaba con los dedos la frente, la coronilla y las sienes para intentar disminuir el dolor. Marta volvió poco después y me tapó con una manta. Justo en ese instante, con ella a mi lado, un pensamiento brotó para llenarme al mismo tiempo de libertad y terror. Abrí los ojos como si hubiese visto un fantasma y, mirando al techo, dije:

"Marta, ya ha ocurrido... Me he convertido en mi padre".

Luces y sombras

Salíamos por el patio de casa. Yo iba pensando en el próximo entrenamiento. Mi hermana andaba unos metros más adelante. Estábamos a punto de montarnos en la moto. Nos dirigíamos al colegio. Mi paso era normal, ni lento ni rápido. De pronto, recibí una patada en el trasero que me levantó en peso. Me volví rápidamente y contemplé el rostro inmutable de mi padre.

En otra ocasión, mientras mi madre trabajaba, estábamos los tres comiendo en casa cuando de repente, mi padre le dio una patada a la mesa tirándola con todo encima. Mi hermana y yo nos miramos aterrados sin saber qué habíamos hecho mal.

A menudo, en medio de alguna discusión, él terminaba golpeando las puertas de casa rompiendo sus cristales.

Una vez, mi hermana olvidó tirar a la basura los restos de comida de los platos antes de empezar a fregar. Mi padre acudió sigilosamente por detrás para terminar soltándole un mamporro en la cabeza que recordó durante una semana. Los tirones de pelo, junto con los gritos de dolor cuando él la peinaba, eran algo habitual.

Ambos recordamos la ocasión en la que, sin motivo aparente, él la emprendió a golpes conmigo en el pasillo de casa.

Primero el guantazo, y luego tal vez, la explicación. No lo veías venir. La comunicación era el punto débil de mi padre. Parecía extraño que un policía local actuara de aquella forma.

Mantener encuentros sociales era una utopía con él en casa. El ambiente estaba siempre enrarecido por su enigmático silencio. Todos y cada uno de sus pensamientos se quedaban en su mente. Si los demás salíamos a un torneo de tenis o a visitar a unos amigos con mi madre, él no acudía. Cada vez que surgía cualquier tipo de disputa, conyugal o familiar, se ponía hecho un basilisco. Parecía estar cabreado con el mundo entero.

Confiar en los demás para hacer cosas o tomar decisiones no parecía entrar en sus planes. Un día había un modelo de automóvil a estrenar en la cochera y a los dos días lo cambiaba por otro inferior junto con una motocicleta. El cabreo que pilló mi madre fue monumental. Otro día te levantabas por la mañana y oías música a todo trapo. Sin decir nada, se había comprado un tocadiscos nuevecito con sus altavoces a juego. No recuerdo ni un solo regalo suyo, ni siquiera en nuestro cumpleaños.

A veces me pasaba una semana entera sin verlo por casa. Cuando preguntaba por su paradero, la respuesta era que se había marchado con su madre a visitar a la familia de Cádiz. Recuerdo haberlo acompañado solamente una vez. Aquella ciudad siempre había ejercido una enorme atracción sobre mi padre aunque nunca supe exactamente por qué. El colmo fue cuando, tras lograr la clasificación para disputar en Vitoria mi primer Campeonato de España de tenis, él decidió no acompañarnos. A la vuelta, mi madre averiguó que, en el tiempo que nosotros estuvimos por el norte del país, mi padre había estado visitando su querida ciudad del sur.

Durante todo el día lo encontrabas en pijama, con su bata puesta y las zapatillas de estar por casa. Casi no lo veíamos porque se pasaba largas temporadas metido en su habitación a oscuras, acostado y con la persiana bajada. Cuando estábamos en casa, mi madre siempre decía: "Hablad bajo que papá está malito". Su rostro en las fotos de familia lo decía todo. La seriedad era su firma. El silencio, su sello de identidad. La depresión, su estilo de vida.

Pese a todo, hay dos cosas que recuerdo con admiración. Una era su rendimiento en las carreras de fondo. Aunque nunca lo vi correr, teníamos en el salón los resultados de sus hazañas en forma de trofeos al campeón en varias ediciones de la carrera de fondo de la policía local. Al parecer, mi padre era un auténtico atleta.

El otro recuerdo agradable es la marquetería. Nunca olvidaré la única vez que mi padre y yo hicimos algo juntos: una maqueta de un estadio olímpico para una asignatura del colegio. Aquellas dos tardes que tardamos en construirla constituyen el periodo de tiempo más largo que pasamos juntos en una actividad común.

Fue fabuloso ver su concentración para cortar cada pieza al milímetro. La búsqueda de la perfección en las dimensiones de la pista, las gradas, los pilares circulares; todo debía estar en el sitio exacto. Yo le observaba con atención. Lo hizo suyo; era algo entre él y ese trabajo de marquetería. No quería interrumpirlo. De vez en cuando me daba una explicación sobre cómo hacer esto o lo otro ¡sin haberme golpeado antes! Evidentemente, el resultado superaba con creces lo que un niño de diez años puede hacer con un poco de madera de balsa y cola adhesiva. No me importaba la nota que obtuviese. Para mí, aquella maqueta había sido fruto de una estrecha colaboración.

Mi madre era maravillosa. Su nombre era Teresa aunque todo el mundo la conocía por "La Tere". Era dulce y protectora. Se preocupaba porque cada cosa funcionase correctamente y las personas estuviesen alegres. Era capaz de llevarlo todo adelante: sus dos hijos, su marido, la casa, la familia, el trabajo, los amigos. A nadie daba de lado. Siempre estaba dispuesta a echar una mano. Lo que siempre llamaba la atención era su eterna sonrisa.

Cuando finalizaba un punto importante en un partido, solo tenía que mirar a la grada para encontrar su rostro. En seguida volvían la confianza y la seguridad. Si ella estaba allí conmigo, no había rival invencible.

Esta auxiliar de enfermería era conocida en todo el hospital donde trabajaba por su simpatía y amabilidad. Allí solía comentar las hazañas de su hijo "el tenista". Cada vez que vencía en un torneo, afirmaba orgullosa que yo era la solución a todos sus problemas. Bueno, al menos los económicos, porque al igual que no todo eran sombras en mi padre, tampoco todo iba a ser luz en mi madre. Una vez oí hablar del episodio depresivo que la mantuvo encerrada en casa un par de semanas. Nadie parecía saber la causa aunque todos los indicios apuntaban a un culpable.

Doña Loreto se dirigió a la puerta del aula en plena clase de Matemáticas. Se produjo un alboroto y pronto empecé a oír: "¡Santi, es tu madre!".

Nunca antes la había visto entrar en el colegio en horario lectivo. Aunque sorprendido, me alegré de verla allí. Estuvieron conversando en el pasillo con la puerta de clase abierta. Yo bromeaba con los compañeros aprovechando la ausencia de la maestra. Volví a mirar hacia la puerta porque sentí que, ese día, me agradaba especialmente comprobar que ella seguía estando allí. Presté más atención a la escena y observé que mi madre estaba llorando. Se echaba las manos a la cara mientras la profesora la consolaba. La puerta se cerró dejándome con aquella desconcertante imagen en la retina. Esa fue la primera vez que veía a mi madre llorar y la última que la vi con vida.

El nombre

Más de catorce horas seguidas dormí esa noche. Al despertar, el dolor de cabeza así como los demás síntomas físicos se habían marchado. Tuve una extraña sensación de normalidad, como si nada hubiera pasado.

Me levanté y tomé mi complejo vitamínico matinal. Al caer en la cuenta de que seguía en la casa de los padres de Marta, todo el dramático episodio del día anterior con mi suegra se agolpó en mi mente. Sentí un peso colosal cayendo sobre mi cabeza. De pronto, entré en una especie de estado catatónico.

Marta tenía que solucionar unos papeles y me propuso acompañarla. Una vez en el exterior, recuerdo luchar desesperadamente por evitar cualquier tipo de contacto con la gente. Llevaba puestas las gafas de sol para eludir la luz natural y el cruce de miradas. Sentía un desprecio total por todos los seres humanos. No tenía ganas de relacionarme con nadie. Me sentía absolutamente separado de todos. Llegaba incluso a culpar en silencio al resto de peatones de mi estado delirante.

Una vez solucionados los asuntos burocráticos, aprovechamos para hablar sobre qué íbamos a hacer. Lo único que sabía era que ya no podía volver a casa de su madre, al menos de momento. Tenía que tomar distancia. Así que regresamos a casa de mi suegra, hice la maleta, me crucé con ella y le conté que iba a visitar a mi abuela paterna, operada de la cadera hacía poco.

Me marché a mi casa, la misma donde habíamos criado a Sara desde que nació y donde murieron mis padres. Al menos allí, podría parar el mundo por unos días.

En el interior, todo estaba pendiente de ser empaquetado siguiendo el plan que nos propusimos cumplir antes de marchar a Dinamarca: empezar de cero.

Me tomé mi dosis diaria de ibuprofeno. Caí en la cuenta de que, en dos meses en el país nórdico, solamente tuve que tomarlo una vez. Pasé el día sin pronunciar una palabra, entre cajas de cartón marrón, ropa doblada y dudas. Seguía sin saber qué decir ni con quién hablar. Además, tampoco encontraba sentido a hacerlo.

Al día siguiente, 27 de diciembre de 2013, continué desganado con el plan establecido. Empaqueté las revistas de arquitectura elegidas para enviarlas posteriormente a Roskilde por mensajería. Tuve tiempo para pensar y había cosas que no cesaba de preguntarme:

¿Por qué me siento tan solo? ¿Acaso no quiero ser feliz como cualquier persona? ¿Cómo es posible que me encuentre en esta situación teniendo una esposa maravillosa, una hija extraordinaria, una vivienda en propiedad, títulos académicos y dinero suficiente para vivir? ¿Qué me está pasando?

Necesitaba respuestas pero no sabía dónde encontrarlas. Siempre pensé que podía superar cualquier cosa; esta vez, había ido demasiado lejos. No sabía hacia dónde ir o a qué punto volver para sentirme mejor. La sensación de soledad e incomprensión era total. Sentía que nadie me quería, ni mi mujer, ni su familia ni siquiera los miembros de mi propia familia. Incluso mis mejores amigos parecían haberme abandonado.

En ese momento, mi mente era pura confusión. Entonces, me acordé del sobrenombre que Sebastián, un amigo al que conocí durante mi complicada etapa con el proyecto fin de carrera, me puso después de nuestra primera charla: CAOS.

Estaba harto de mí mismo.

¿Por qué insisto en fastidiarme la vida?

Quedé con Marta para comer en un restaurante cerca de mi casa. Allí pronunció por primera vez una palabra que, de vez en cuando, se me pasaba por la cabeza desde hacía un tiempo: divorcio.

Todo estaba sucediendo demasiado rápido para mi mente atormentada. Recogimos a Sara para dirigirnos al cumpleaños de uno de sus primos en un club de tenis situado junto al hospital donde trabajaba mi madre. Nunca me había sentido cómodo en los eventos sociales por lo que esa tarde no iba a ser diferente. Los allí presentes me preguntaban si me ocurría algo porque mi actitud rozaba lo extravagante. No tardé en marcharme.

Me coloqué el pijama, la bata y las zapatillas de estar por casa. Cené lo primero que pillé y me dispuse a ver cualquier cosa en la televisión. Justo al empezar a zapear, sentí el impulso de acudir a TED.com para ver uno de sus vídeos.

Cuando la aplicación terminó de abrirse aparecieron ocho posibilidades con temas muy distintos. La sobrecogedora imagen de un cuadro de Goya llamó poderosamente mi atención. El estado de concentración en ese momento era parecido a cuando disfrutaba de ventaja a favor durante un partido de tenis. Volví a notar cómo el tiempo se ralentizaba hasta llegar a detenerse. Sentía que una energía poderosa me estaba guiando pero no sabía qué era ni por qué. Todo mi ser parecía estar dirigido hacia esa imagen. Un escalofrío recorrió mi cuerpo al leer el título de la conferencia: "Depresión, el secreto que compartimos"[1] de Andrew Solomon.

Me acomodé muy despacio en el sofá, seleccioné el vídeo con calma y pulsé el botón de reproducir.

Un señor de unos cincuenta años contaba su lucha con la depresión. Hablaba de los sucesos previos que se produjeron en su vida antes de darse cuenta de que algo iba mal. Uno de esos acontecimientos me dejó paralizado. Andrew y yo quedamos unidos para siempre en el momento en que contó que en 1991, su madre falleció. A partir de aquel instante su mensaje llegaba alto y claro.

Todo lo que decía era intrigantemente familiar: la desorientación, el desánimo, la apatía, la paranoia, la hipocondría, etc. Hablaba de la depresión como una inhabilitación de la capacidad de sentir. La describía como "la principal discapacidad en el mundo".

Una frase sobre cómo ven la realidad los depresivos se me quedó grabada: "Creemos que estamos viendo la verdad, pero la verdad miente".

Comentaba entrevistas que tuvo con personas depresivas. Contó que una de ellas describió la depresión como "una manera más lenta de estar muerto". Hizo un repaso a los métodos occidentales contra la depresión como medicamentos ricos en litio, la terapia electroconvulsiva, operaciones quirúrgicas en el cerebro, tratamientos experimentales, etc.

El panorama que aparecía ante mí era desolador. Por si todo lo anterior no lo dejaba claro, el orador asestaba el golpe final:

---

[1] Andrew Solomon, TEDxMet

"La gente se muere de depresión todos los días".

Sin dejar de mirar la pantalla, tuve que parar el vídeo por un momento. Pasaron unos eternos segundos. Tragué saliva y retomé su discurso. Cuando terminé de visionar por dos veces el vídeo, apagué la televisión.

Lentamente, me fui incorporando hasta quedar sentado en el sofá.

Allí estaba yo, en la casa donde todo sucedió, completamente solo, a un paso del divorcio y ataviado con la ropa favorita de mi padre depresivo. En medio de aquella tenebrosa atmósfera, mi desconcierto iba en aumento. Sentir terror ante el destino que me había tocado vivir se percibía como la elección natural, ya que en ese punto parecía haber solamente dos crueles opciones. La primera era seguir a ciegas por el sendero de mi ancestro paterno, impulsado por una siniestra fuerza invisible. La segunda consistía en variar ligeramente el rumbo para convivir con terapias, medicamentos o tratamientos alternativos de por vida.

Tenía la mirada perdida en la pared donde solía reposar el cabecero de la cama matrimonial de mis padres. Seguía sentado intentando asimilar todo lo que se me venía encima. Permanecí en esa posición durante un tiempo hasta que me di cuenta de que las sensaciones que experimentaba no se correspondían con el ambiente funesto que el video y las circunstancias me mostraban.

¿Por qué no estoy nervioso? ¿Dónde están el sudor frío y el pulso acelerado? ¿Adónde fueron los escalofríos? ¿Por qué no siento miedo?

Para mi sorpresa, el lugar que el pánico parecía haber dejado libre había sido ocupado por una calma insólita. Fue entonces cuando hice el esfuerzo por centrar la atención en lo que estaba ocurriendo en mi interior.

¿Qué significa esta sensación de liberación? ¿De dónde procede esta esperanza? ¿Cómo puedo sentir ilusión tras oír todo eso?

Además de la inquietante realidad que sacaba a la luz, aquel video contenía otro mensaje. De alguna forma, me enseñaba que aquello que me hacía sufrir podía haber sido creado por mí mismo. Todo parecía estar en mi cabeza. La consecuencia directa de ello era que, tal vez, no existieran los culpables que continuamente buscaba fuera. El enemigo que veía en cada persona, así como el odio que creía rodearme, parecían ser subproductos fabricados por mi mente. En ese caso, la solución también tendría que estar dentro de mí.

Me agarré a ese último pensamiento como el náufrago que encuentra un trozo de madera flotando en medio del océano. Ese instante de serenidad propició que aquella noche cayese en los brazos del sueño con el firme deseo de cambiar, para siempre, mi macabro destino.

2

SENTIR EL CAMINO

Una cura de humildad

Me levanté con fuerzas renovadas. Pocas veces como esa mañana había tenido tan claro aquello de que cada vez que sale el sol es un nuevo día. Me corté el pelo, me duché y desayuné. Después, visioné una vez más el video de la noche anterior dispuesto a seguir el consejo expuesto en él para mejorar de la depresión: ser más vital.

Pero ¿cómo se hace eso de ser más vital? No tenía ni idea. Así que me dejé llevar y comencé haciendo aquello que en ese momento sabía que me haría sentir bien. Le mandé un mensaje de buenos días a Marta con un emoticono sonriente. Como me apetecía salir, fui a casa de mi tía María Gloria, la que fue mi tutora, para hacerles una visita. Allí estaba ella y su madre Carmela, mi abuela materna.

En un momento dado, mientras charlábamos, llegó la pregunta:

—¿Cómo estás, Santiago?

En otra ocasión hubiera ocultado mi estado. Hacerlo constituía una especie de costumbre: no se escarba en el pasado para tratar aspectos difíciles si se puede evitar. Por un instante, sentí la tentación de permanecer callado o cambiar de tema eludiendo la pregunta. Sin embargo, notaba el cansancio de tener que comportarme como si nada pasara. Si quería que algo cambiara tenía que empezar a hacer las cosas de forma diferente. Por ello, seguí el impulso que me hablaba de aprovechar la oportunidad para soltar lastre y me sinceré:

—No estoy bien…

Compartí con ellas todo lo que me había sucedido. Desde la pelea con mi suegra hasta el video del día anterior cuando descubrí que tenía depresión crónica desde hacía mucho tiempo.

Una de las ventajas de hablar abiertamente y sin complejos es que se crea un ambiente de confianza en el que la comunicación fluye. Aproveché esa circunstancia para preguntarles por mi padre. Me contaron todo tipo de cosas relacionadas con sus hábitos egoístas, agresivos, excéntricos y misántropos. Todos ellos me recordaban a mí mismo. Al escucharlas, ni siquiera yo podía distinguir si hablaban de él o de mí.

Casualmente, llegó mi hermana y se unió a la conversación. Todas me apoyaron y me dijeron que me acompañarían en ese camino.

Le tocaba el turno a Marta. Me dijo que estaba con Sara en las atracciones infantiles del Jardín del Malecón. Cuando llegué, me sorprendió encontrar también a mi suegra. De nuevo, surgió de mí un impulso que decidí seguir. Me dirigí hacia ella y sin mediar palabra, nos dimos un abrazo.

¿Era posible que todo cambiara en tan poco tiempo?

A pesar de que no les había contado mi reciente descubrimiento, mi suegra pronunció emocionada unas palabras que se quedarían impresas en mi memoria para siempre:

"Si tú cambias, yo me curo de mi enfermedad".

Aquella frase supuso un acicate para mí. La posibilidad de que Antonia sanara de una enfermedad física "incurable" si yo hacía el esfuerzo de salir de las tinieblas, me llenaba de esperanza. Podía liberarla de dolores insoportables, infinitas visitas a médicos, análisis eternos, tratamientos agresivos, fármacos carísimos y demás infierno. Era la oportunidad de poder hacer algo que únicamente dependía de mí para salvarnos a ambos. A pesar de la responsabilidad que parecía conllevar dicha tarea, estaba dispuesto a asumirla, ya que me parecía una idea maravillosa. El mero hecho de pensar en su utópica materialización permitió que las lágrimas brotaran libremente de mis ojos, sin obstáculo alguno.

Una vez en casa de mis suegros, decidí hablarles de mi depresión. A mitad de la explicación y sin previo aviso, mi suegra me miró a los ojos durante unos segundos. De repente, se levantó de su sillón abatible de cuero negro y se marchó. No entendí por qué lo hizo pero tampoco me molestó. Marta y yo nos quedamos charlando sentados en el blanco sofá del salón.

Al poco tiempo, su madre regresó con un libro que me colocó en las manos: *Curación Emocional* escrito por David Servan-Schreiber.

¿Cómo es posible que la mujer a la que había denigrado tres días antes estuviera ahora ofreciéndome su ayuda?

Una y otra vez, Antonia nos daba la misma lección. Cuando veía a alguien sufrir le prestaba auxilio. No importaba lo sucedido en el pasado o si conocía desde hacía mucho o poco tiempo a la persona; si estaba en su mano, le ofrecía su ayuda. Ese era sin duda el aspecto que, en silencio, siempre había admirado en ella. Tal vez fuese porque era incapaz de hacer algo similar debido a mi manifiesta ineptitud emocional.

Esa misma tarde, había quedado con mi hermana para tomar café. Recuerdo aquel encuentro como uno de los más sinceros y especiales que he podido disfrutar con ella. Mis cartas estaban sobre la mesa por lo que no tenía nada que ocultar acerca de mi estado. Ello dio pie a un delicioso paseo por las calles del centro de la ciudad. Una fluida conversación sobre nuestros padres y nosotros mismos tuvo lugar. Me enteré de cosas hasta ese momento desconocidas para mí sobre ellos y sobre mi propia hermana. Escuché por vez primera su versión de aquel viernes de 1991, cuando todo nuestro mundo cambió drásticamente.

De camino a casa, me confesó parte de los temores que solían inquietarla de vez en cuando derivados de lo que pasó con nuestros padres. Para mí fue el momento más importante de nuestro reencuentro porque pude atisbar su parte emocional que parecía escondida tras una permanente muestra de seguridad y fortaleza. Eso me unía mucho más a ella haciéndome sentir menos solo.

—¿Vas a acudir a un profesional? —preguntó.

—No tengo ni idea.

Al día siguiente le tocó el turno a mi prima Gloria, la única hija de nuestra tutora. Su padre falleció cuando ella contaba con seis años. Por esta razón, tuvimos que convivir juntos un tiempo en casa de mis padres cuando éramos niños. La vida había querido que, pocos años después, fuéramos mi hermana y yo los que pasáramos nuestra adolescencia en su casa, con su madre, con ella misma y con mi abuela materna.

Teníamos una conexión especial. A veces sentía más afinidad con ella que con mi hermana por lo que conversar era más sencillo. Recuerdo los ánimos que me dio, así como ciertos comentarios que me sirvieron para comenzar a desmantelar algunos aspectos de mi tergiversada realidad. Fue ella la que me aconsejó empezar a tomar el sol para "recargar pilas".

Todo estaba listo para despedir el año. Hacía días que Marta y yo decidimos permanecer en Murcia hasta que encontráramos la estabilidad necesaria. El sueño nórdico quedó aparcado.

Antes de la tradicional cena de Nochevieja en casa de mis suegros, decidí contarles lo de la depresión a mis dos cuñadas. Ambas me ofrecieron todo su apoyo.

Risas, abrazos y recuerdos dieron paso a un más que incierto, aunque no menos esperanzador, 2014.

Redescubre tu corazón

La fiesta había comenzado y no podíamos olvidarnos de nuestros amigos. El primero de ellos fue Dani quien acompañado de su novia Laura nos felicitaba el nuevo año desde Londres.

La videoconferencia comenzó en la antigua habitación de mi suegro, pocos minutos después de tomarnos las uvas. Nos sentamos sobre la cama con el portátil a cierta distancia.

Durante la conversación, Marta me miró como ella solía hacer cuando quería que contara algo importante. Así lo hice. Les dije que mi comportamiento hasta ese momento había estado condicionado por la depresión que venía arrastrando durante no sabía cuánto tiempo. Añadí que estaba dispuesto a hacerle frente por lo que, en principio, nos quedábamos en Murcia.

La cara de mi amigo no se canteó un ápice. Nada más soltarle la noticia, me dijo: "Santi, tienes por delante un camino maravilloso. Lo que necesitas es sentir tu corazón".

¿Qué quería decir con "un camino maravilloso"? ¿Acaso no oyó la palabra "depresión"? ¿Qué ha dicho sobre el corazón?

El soleado primer día del año lo pasamos limpiando el piso de mis suegros, caminando por el Paseo del Malecón y viendo reír a Sara con las ocurrencias de sus primos. Por la tarde, preparamos las maletas y regresamos a casa tras varias semanas de ausencia.

A la mañana siguiente, Marta se marchó para ayudar a sus hermanas y a su madre, por lo que tuve que ocuparme de todo en casa.

Sara no dejaba de llamar mi atención para que jugáramos. La empresa de telecomunicaciones me llamó para hacerme una oferta y evitar así la portabilidad que yo había iniciado días antes. Mi cuñada me pedía por el móvil una respuesta a su petición de ayudarles a ella y a dos amigas suyas con el inglés.

No terminaba de centrarme ni en la niña, ni en la casa ni en ningún otro asunto. Empezaba a experimentar serios problemas para tomar decisiones. Eso me provocaba dolores de cabeza y ansiedad. Me tomé dos sobres de ibuprofeno de 600mg cada uno, un hábito establecido desde hacía años interrumpido durante nuestra estancia en el extranjero.

Fui con Sara a comer a casa de mi tía. La niña no dejaba de llorar y de quejarse por todo.

¿Pero qué le pasa hoy a esta cría?

Compartir por completo a Marta con su madre y hermana era algo a lo que nos habíamos tenido que acostumbrar. A la enfermedad de la primera, se le sumó el divorcio de la segunda hacía más de año y medio. Pensar en ello seguía produciendo rabia en mí.

Cuando Marta se unió a nosotros aquella tarde, monté una bronca por una estupidez y fue ella la que lo pagó. Después de eso, me llevó a un lado para comentarme que no se sentía bien, dejando claro que no tenía nada que ver con su salud física. Capté el mensaje, pero mi cerebro no era capaz de hacer nada más que recibirlo y almacenarlo. Nos centramos en pasar la velada con mi familia hasta que regresamos a casa para acostar a Sara. Había llegado la hora de hablar de nuestra situación.

En el salón, sentados cada uno en un sofá distinto, Marta confesó sus dudas acerca de la nueva etapa que teníamos por delante. Se sentía débil mental, física y emocionalmente tras varios años de intensos vaivenes a mi lado. No en vano, los "espectáculos" que yo solía montar sin venir a cuento formaban parte de nuestra historia desde la etapa de novios. Estaba decidida a irse unos días con una amiga a Valencia para pensar. Incluso habló de buscar ayuda profesional que la guiara en esos momentos de incertidumbre.

—¿Qué tienes que decir sobre esto? —preguntó.

Comencé a ver el castillo desmoronarse poco a poco. Para mí era inconcebible continuar sin ella. Había sido el pilar sobre el que me apoyaba, el bastón que usaba cada vez que caía para volver a levantarme. Nunca nos separábamos salvo para ir a trabajar.

Una vez más, el fuego que solía sentir en el abdomen me provocó tensión muscular e hizo surgir pensamientos de todo tipo. ¿Cómo podía decirme esas cosas, justo ahora, conociendo mi situación actual? Estuve a punto de preguntárselo airadamente en voz alta.

Puede que fuese el cansancio acumulado o mi reciente incapacidad para razonar con frescura. El caso es que tras pensar todo aquello no le hice ningún comentario. Por el contrario, me quedé mirándola y la vi sufriendo. Me di cuenta de que gran parte de su calvario podría estar relacionado con la convivencia a mi lado, junto a un hombre depresivo. Por un momento me puse en su lugar, sentí su dolor, su soledad, sus dudas y las lágrimas empezaron a deslizarse por mi cara. Quería decirle que no se fuera de mi lado. Pasamos varios minutos en silencio. Finalmente pronuncié estas palabras:

—Aunque podría intentar defender mi posición, no lo haré; no quiero hacerlo más. Sé que tienes razones para sentirte así...
—Después de una pausa, llorando, continué—: Te quiero... Solamente te diré una cosa: te apoyaré.

Empezó a llorar, me acerqué a ella y la rodeé con mis brazos. Nos quedamos así, abrazados en el sofá.

El principio de año estaba siendo muy intenso en cuanto a emociones. Cada uno de los días parecía durar una semana. El caso es que cuando el sol aparecía por la ventana me animaba a levantarme y seguir con el plan vitalista propuesto por aquel vídeo sobre la depresión.

Uno de esos días visitamos a Miguel, un amigo de mi época de tenista. Resultó que él y su pareja Julia estaban esperando un hijo. Cuando surgió el momento adecuado, les hablé de mi más que probable depresión. Siempre que lo hacía, observaba atentamente el rostro del interlocutor para ver su reacción. Una y otra vez volvía a notar eso que brotaba de aquellos a quienes se lo contaba: empatía. Todos intuían que debía ser un momento difícil. Además, sus gestos involuntarios parecían mostrar respeto por alguien que había tomado la decisión de enfrentarse a aquello contra lo que nadie desea luchar: uno mismo.

Cuando estábamos los tres juntos la cosa parecía funcionar pero todo cambiaba cuando, alguna mañana entera, Marta tenía que salir para ayudar a su familia. Me quedaba solo por lo que tenía que apañármelas tanto con Sara como con la casa, lo cual podía sentir que no me ayudaba en nada. Volví a notar la hipersensibilidad al sueño y al hambre teniendo que acostarme o que comer algo para frenar la rabia que ello me producía.

Esa primera semana del año se iba complicando por momentos. Nuestros familiares andaban ocupados con hijos resfriados, bronquitis, etc. Además, todo el mundo volvía a su rutina laboral aunque ese no era mi caso. Varios meses antes del viaje a Dinamarca, no pude renovar mi contrato como instructor de tenis por problemas financieros del club donde trabajaba.

Todo lo anterior hacía inviable visitar a alguien para así despejarnos un poco. Para colmo Sara empezó a enfermar. El día 5 de enero comenzó a toser escandalosamente. Al día siguiente, festivo por ser el día de Reyes, tuvo fiebre alta por lo que nos quedamos en casa sin salir. El día 7 la llevamos al centro de salud. Cada vez que acudíamos al pediatra me acordaba de mi suegro, otorrino y médico de familia. Siempre había sido él quien se ocupaba de los temas de salud. Por suerte, esta vez parecía ser solamente un fuerte catarro. A pesar de ello, la vuelta al colegio de la niña debía esperar.

Con ese panorama parecía inevitable que mi humor empeorara. Además, mi capacidad mental estaba al límite. Me sentía desbordado por las decisiones que tenía que tomar, por la atención permanente hacia la niña, hacia la casa, la relación con Marta, con su familia, con la mía... A todo ello se le sumaba un total desconocimiento por mi parte sobre qué hacer con la depresión.

Ese mismo día por la tarde nos visitó Michel, otro de mis antiguos amigos del tenis. Vino junto con Mercedes, una amiga común. Me di un paseo con ellos por la huerta que cubría de verde los alrededores de casa. Aproveché esa oportunidad para contarles todo. Ambos me confesaron que siempre habían visto "algo raro" en mí. Aun así, me describieron como un tipo muy sensible, capaz de salir de esa situación. Sus palabras me animaron y sorprendieron a partes iguales.

¿Es posible que la gente vea cosas en mí que yo no puedo ver? ¿Me estoy ocultando algo a mí mismo? Si es así, ¿el qué? ¿Por qué?

A mitad del paseo nos topamos con un recinto cerrado donde apareció un asno solitario. Tal vez influido por lo que acababan de decirme, dejé de hablar por un momento y me acerqué a él. Ante la mirada curiosa de mis amigos, lo acaricié. No se movía mientras me permitía tocarle el hocico. La conversación quedó aparcada. Estaba centrado en mostrarle afecto a aquel animal. En ese instante, sentí calma.

Una vez en casa, celebramos juntos el cuarto cumpleaños de Sara. Cuando se marcharon al caer la tarde, volvieron las sensaciones de soledad y monotonía que me habían acompañado durante la última semana. No sabía qué hacer para pasar el rato. Me sentía intranquilo y algo ansioso.

Sara seguía durmiendo la siesta por lo que aproveché el momento para empezar a leer el libro que mi suegra me había prestado. Nada más iniciar la lectura, las palabras de aquel libro parecían ser una brisa suave que iba recorriendo y despertando mi aturdido cerebro. Recuerdo entrar en sintonía con todo lo escrito en esas primeras páginas. En ellas se hablaba de recientes descubrimientos sobre la inteligencia emocional así como de la importancia que las emociones tienen en la salud de los seres humanos. Empecé a encontrar respuestas rápidamente. Entusiasmado, decidí compartirlas con Marta.

Continué la lectura con avidez. Todo me parecía esclarecedor. Era fascinante saber de la existencia de dos cerebros: el cognitivo —consciente— volcado en el mundo externo y el emocional —inconsciente— preocupado por la supervivencia y conectado al cuerpo. Tener debilitado ese segundo "cerebro" supondría la explicación a mis repentinos ataques de rabia al sentir sueño o cuando me entraba hambre. Entonces, recordé la conversación en la cocina de casa de mi suegra, cuando le dije algo así como que yo era un "cateto emocional". De alguna manera, ese libro me decía que no andaba del todo desencaminado cuando afirmé aquello.

Hablaba de conceptos como el *cortocircuito emocional* que da lugar a las crisis de ansiedad y de la denominada *asfixia cognitiva*, cuando controlamos nuestras emociones en exceso impidiendo así poder tomar decisiones con facilidad. "¡Eso es lo que me ha pasado!", musité.

Conforme iba leyendo, surgía lo que yo solía llamar "el subidón": un chorro de energía, una sensación de poder, de éxtasis que me hacía pasar de la miseria a la euforia en cuestión de segundos.

Me topé con un interesante capítulo dedicado al corazón. En él se explicaba entre otras cosas que contiene su propio circuito neuronal por lo que puede generar pensamientos y almacenar recuerdos. También hablaba de la capacidad del corazón para generar el mayor campo magnético de todo nuestro cuerpo. Este es incluso miles de veces más potente que el campo generado por el cerebro.

Me quedé boquiabierto con la cantidad de información que ese libro me estaba ofreciendo sobre un gran desconocido para mí. Resultó que ese órgano que latía sin parar dentro de mi pecho era mucho, pero muchísimo más que una simple bomba recirculadora de sangre. Estaba dispuesto a recuperar el diálogo con él.

De todas las técnicas que aparecían en el libro para ayudarte a superar el estrés, la ansiedad e incluso la depresión, hubo una que me causó un enorme impacto: la *coherencia cardíaca*. Esta consistía en varios pasos:

- Aceptar abstraerse del mundo exterior durante unos minutos.
- Realizar dos respiraciones lentas y profundas. Pasados unos segundos, llevar conscientemente la atención a la región del corazón, en el centro del pecho.
- Conectarse con la sensación de calor o expansión que acontece en esa zona acompañándola con el pensamiento y la respiración. Puede ayudar evocar un sentimiento de gratitud, de amor hacia alguien o algo. Algunas personas imaginan el rostro de un niño, un paisaje o un "recuerdo de felicidad en acción" como montar a caballo.

Me puse manos a la obra. Sentado en mi lado de la cama matrimonial, me tumbé cómodamente, dejé el libro sobre la mesita de noche y cerré los ojos. Seguí todos y cada uno de los pasos con ciertas dudas sobre el resultado final. Cuando llegué al momento de tener que evocar algo que me hiciera sentir gratitud o amor, un recuerdo me vino a la mente. Era un golpe de tenis: mi revés a una mano.

Siempre había disfrutado golpeando a la bola de revés. Lo hacía con tal naturalidad que no recuerdo ni una sola corrección por parte de ninguno de los monitores que tuve.

Cuando la bola venía hacia ese lado de la pista me dirigía a ella mirándola fijamente; colocaba los pies dando pasitos cortos y decididos; armaba el brazo deslizando suavemente la raqueta hacia atrás; agarraba fuertemente el mango con mi mano derecha y apoyaba su cuello sobre los dedos de la izquierda; en el momento preciso, la pelota desaparecía y dejaba que mi cuerpo hiciese los movimientos oportunamente orquestados; golpeaba la bola a la altura exacta, a la velocidad adecuada y la dirigía allí donde había visualizado que iría antes de iniciar el golpeo.

Llegaba a hacer todo eso de forma automática, sin esfuerzo. El impacto de mi raqueta contra la bola era limpio, en el centro del cordaje. El sonido era característico. Al acabar el golpe, ni siquiera necesitaba mirar donde iba la pelota. Mientras expiraba, veía como esta volaba hasta botar justo donde me había propuesto. Cada vez que ejecutaba ese golpe de revés sentía que la pelota, la raqueta y yo éramos lo mismo.

Una sensación de realización plena comenzaba a llegar a mi pecho. Las lágrimas brotaron sin problemas. Cuando acabé de hacer el ejercicio de coherencia cardiaca, necesité calmarme durante unos cuantos minutos. Hacía años que no me liberaba de semejante manera. Estaba recordando sensaciones olvidadas. Era como si hubiese puesto en funcionamiento una especie de mecanismo interno, oxidado hasta entonces. Me sentía exhausto pero satisfecho. Había vuelto a conectar con algo que tuve soslayado durante mucho tiempo: mi propio corazón.

Déjate llevar

Quedamos en un restaurante cerca de mi casa. Mi amigo Juanjo llegó unos minutos después de mí, nos dimos un abrazo y nos sentamos a la mesa. Cuando le dije que tenía algo que contarle, comencé a sollozar. Finalmente, logré explicarle todo lo que estaba aconteciendo en mi vida. Su reacción no fue muy diferente a la de los demás: me dio su apoyo incondicional.

—¿Cuál es el siguiente paso? ¿Piensas ir a un psicólogo?

Yo seguía aturdido por todos los cambios, así que lo único que pude contestar fue: "Supongo que sí; no sé".

La comida terminó, él se tenía que marchar a trabajar pero aún quedó tiempo para charlar al sol un rato. Mientras mi amigo me hablaba, varias preguntas se agolparon de pronto en mi mente:

¿A cuántas personas más tendré que contarles la misma historia? ¿Cuánto tiempo voy a estar sufriendo una depresión? ¿Unos meses? ¿Un año? ¿Toda la vida? ¿Tendré que medicarme? ¿Y si tengo un grado alto de depresión? ¿Hay grados en eso? ¿Me internarán en algún sitio? ¿Estoy loco?

El miedo empezaba a apoderarse de mí. No encontraba las fuerzas ni el entendimiento para responder a todas esas cuestiones por mí mismo. Entonces, comencé a notar de nuevo ese impulso que venía acompañándome últimamente. En mi interior, escuchaba algo que me decía que acudiera a casa de inmediato. Nuestra despedida fue un tanto ajetreada por esa razón, pero no podía quedarme ahí.

Caminé a paso ligero. Cuando entré en casa, me vi acudiendo a una de las habitaciones intentando localizar algo. Únicamente cuando lo encontré supe lo que estaba haciendo. Buscaba el teléfono de una psicóloga a la que Marta y su familia me aconsejaron acudir en el 2004. El proyecto fin de carrera que tenía totalmente anquilosado fue la excusa que utilicé en aquel momento para acudir a ella.

Aunque todos los miedos volvieron años después, no olvidaré la visualización que tuvo lugar en la última sesión con aquella psicóloga. Bajo su atenta supervisión, me condujo hacia un estado de completa relajación para, seguidamente, imaginar todo lo que ella me iba marcando...

> Caminé hacia las afueras de la ciudad. Llegué a un prado verde y en la falda de una colina, encontré a mis padres. Él estaba tumbado boca abajo, dormido. Llevaba puesto un pijama de seda negro. No le vi la cara. Ella estaba mirándome, sentada delante de él y frente a mí. Un luminoso vestido blanco le hacía parecer una diosa griega. Entre lágrimas, conversé con mi madre. Me dijo que no me preocupara por mi padre, que estaba tranquilo y que ella se encargaba de todo. Me propuso entregarle el cuchillo para guardarlo. Así dejaría de luchar liberándome de la rabia. Se lo acerqué, lo deposité en sus manos y me marché.

Aquello me sentó muy bien durante varios meses en los que pude apreciar el cariño de los míos con mayor claridad. Sin embargo, dejé de ir a terapia porque tenía que terminar mi licenciatura para ponerme a trabajar de una vez. Además, ya me encontraba mejor, era lo suficientemente inteligente como para seguir en la senda por mi cuenta y no necesitaba tantas sesiones. O eso es lo que yo creía entonces...

Marqué el número de teléfono de la consulta de aquella psicóloga diez años después, pero nadie contestaba. Pensé en localizar su número de móvil personal así que comencé a tirar de agenda. No lo encontraba. Caí en la cuenta de que mi teléfono era nuevo por lo que tal vez almacené su número en el viejo. No sabía dónde podía estar ese móvil.

Por alguna razón, no debía acudir a aquella mujer de nuevo. Tenía que buscar una alternativa. Fue entonces cuando me vino el nombre de una psicóloga que mi prima recomendó a Marta pocas semanas antes. Conseguí su número sin problemas. Me dio cita para la mañana siguiente.

Conduje siguiendo las indicaciones de la desconocida terapeuta. Únicamente sabía que María era su nombre. A las afueras de la ciudad, di con una carretera solitaria en medio de un paraje que me recordaba al desierto. Llegué a una especie de asentamiento de chalets perdido en la inmensidad de la zona. Me gustaba imaginar que había llegado a un oasis. Había un cartel en el que ponía "aikido" y me dirigí hacia allí. Aparqué junto a la entrada de la parcela.

Quince minutos antes de la hora marcada para el inicio de la sesión, apareció un turismo negro que aparcó con mucha confianza en la puerta. Era María. Nada más salir del automóvil dirigió su mirada hacia mi coche. Nos presentamos cordialmente y nos dirigimos al interior de la parcela.

Abrió la puerta principal de su casa recién comprada. El interior era lúgubre y húmedo. Todo estaba por hacer y reubicar. Llegamos a una salita de unos quince metros cuadrados orientada al este. El color de las paredes era un tono beis muy cálido. En la esquina norte de la habitación había dos sencillos sillones blancos con una mesita del mismo color entre ellos. Aquella pequeña estancia había sido acondicionada dulcemente para las sesiones. Encendió la calefacción y me invitó a sentarme de espaldas a la ventana, junto al radiador.

Comenzamos la terapia.

Nunca sabes por dónde empezar. Poco importa si te lo has imaginado previamente e incluso si llevas preparado ya algo. Solamente cuando te encuentras experimentando esa situación delante de una persona real, te das cuenta de lo difícil que es el comienzo. Hay tantas cosas que quisieras decir que tu mente se aturulla.

¿Qué le cuento? ¿Mi depresión? ¿Mis constantes dudas profesionales? ¿Mi falta de afecto con el resto de gente?

Sin saber muy bien cómo, aquellas dudas iniciales se esfumaron cuando llegó el momento de hablar. Entonces, me sorprendí a mí mismo pronunciando las siguientes palabras:

"Me llamo Santiago y quiero cambiar mi vida".

Seguridad, decisión, rotundidad y firmeza. No había ni rastro de duda que impregnara ni una sola letra de aquella frase. De mi interior más profundo brotó impaciente aquel ambicioso y anhelado objetivo.

Recuerdo que empecé comentando ciertos síntomas que me acompañaban como soldados fieles: irritabilidad, ansiedad, estrés, inseguridad, distanciamiento, desazón, misantropía, etc. Le hablé de mis continuos bajones y subidones así como de la permanente sensación de vacío. Resumí el suceso de la Navidad anterior cuando caí en aquel "pozo". Le conté la historia del video donde descubrí que vivía en un estado depresivo continuo desde hacía mucho tiempo.

Me extrañó ver cuánto hablaba sobre sus referencias, cursos, estudios... Hablaba demasiado para mí, tal vez porque recordaba las sesiones con aquella otra psicóloga que hacía todo lo contrario. No me lo esperaba. De alguna manera, toda esa verbosidad sobre ella misma me echaba para atrás.

Una voz en mi cabeza me decía: "Creo que estás en el sitio equivocado, Santi. Vete de aquí". El sudor frío apareció. La duda y la desconfianza se estaban apoderando de mí. Sentí la necesidad de darle las gracias y marcharme. Cuando estaba buscando las palabras adecuadas para despedirme de ella, de pronto me calmé, permanecí quieto y seguí prestando atención.

Minutos después, escuché por primera vez hablar de la enfermedad maníaco-depresiva. María fue dando un rodeo hasta introducir suavemente el concepto de *bipolaridad*. Lo describía como una mezcla de dos estados, uno de bajones depresivos y otro de subidones megalómanos. "¿Trastorno bipolar?", pregunté. Me comentó la necesidad de no exagerar los términos porque "trastorno" sonaba demasiado catastrofista. En ese punto, reconocí el extraño deseo que siempre había percibido de abarcar en mí el mayor espectro de enfermedades posible. Se trataba del mismo afán que me llevó a la consulta del médico aquel martes 5 de junio de 2012.

Dos días antes de aquella cita, me había levantado de la cama casi de milagro. Al sentarme en el sofá para desayunar, las pocas fuerzas que me quedaban se marcharon. No pude volver a levantarme. Casi sin poder hablar, pasé el día tumbado, inmóvil, abatido y muy asustado. Marta me tuvo que ayudar por la noche a volver a la cama. Curiosamente, ese episodio aislado coincidía con la etapa más dura de la enfermedad de mi suegro, cuando el estrés emocional era enorme para todos.

La doctora no acertaba a decirme qué diantres me había pasado, especialmente teniendo en cuenta mi sana relación con el deporte. Tal era su desconcierto que mandó hacerme análisis para descartar enfermedades como el cáncer, la hepatitis o el sida, éste último por la repentina y visible pérdida de peso.

Ese día al salir del centro médico me detuve por un segundo. Recordé todas las veces que había recreado en mi mente la misma escena de la consulta. Una pregunta apareció esa mañana:

¿Por qué tengo la sensación de que yo mismo estoy buscando esta situación?

María me preguntó si había una fecha concreta de mi pasado que quisiera comentar con ella o que fuese significativa para mí por algún motivo. Pude haber elegido cientos de fechas: la noticia de la enfermedad de mi suegra; cuando me echaron del trabajo perfecto por la crisis; la bronca con Marta en Cazorla sin venir a cuento delante de su familia y amigos; el día que provoqué una disputa con mi cuñada embarazada, etc. Sin embargo, antes de que ella pudiera terminar la frase completa, respondí sin vacilar:

—El 15 de febrero de 1991 a las seis de la tarde.

En su rostro percibí el asombro por la celeridad y la claridad de mi respuesta.

—¿Qué pasó ese día?

—Mi padre asesinó a mi madre y después se suicidó. Los encontré en casa ya muertos a los dos.

Se hizo el silencio en aquella cálida habitación. Tras una breve pausa, tomé aire y le expliqué todo lo que sucedió desde la eterna espera en la puerta del colegio hasta que llamé a la ambulancia en casa de un vecino. Le conté que, después de eso, terminé andando solo de un extremo a otro de un huerto cercano. Recitaba una misma frase sin parar hasta que, en un momento dado, decidí volver con la gente que estaba agolpada en el carril. Una vez allí, me encontré con el resto de familiares, vecinos y con una compañera del colegio que no supo qué contestar cuando le pregunté: "¿Has hecho los deberes de Matemáticas?".

Al cabo de un rato mirándonos en completo silencio, ambos entendimos que habíamos dado en la diana. Noté que su rostro cambió y se convirtió en otra persona. Además de conmigo, María había conectado con algo más.

Me preguntó si tuvimos algún tipo de ayuda psicológica tras el suceso. Lo único que recordaba sobre "ayuda" fueron las directrices que nos dieron: seguir con nuestra vida como si nada hubiera pasado...

> Me dijeron que llamara a un amigo; que mi hermana, él y yo dormiríamos en casa de un monitor de tenis amigo de la familia. Al día siguiente, ese monitor se encargaría de llevarme a jugar un partido de campeonato programado en un club de La Manga. Así que llamé a Dani, un amigo de las clases de tenis. Llegó tan rápido que parecía haberse

montado en un rayo. No recuerdo nada hasta su llegada. Después, nos fuimos a dormir a Torre Pacheco. Solventé mi partido contra un compañero habitual de entrenamiento. Días después, ya instalados en casa de mi tía, unos señores nos llevaron de compras a un gran centro comercial. Nos dijeron que podíamos elegir lo que quisiéramos. Mi hermana escogió un perro de peluche gigante vestido de policía. A mí me llamó la atención una de esas cosas que estaban de moda: un ordenador personal. Desde entonces, salvo por algún que otro encuentro con psicólogos, todo igual que antes del suceso: rutina.

Estaba sorprendida. Comentó que era una forma cuestionable de tratar esos acontecimientos incluso en aquella época dando a entender que ya había otras alternativas entonces.

El tiempo fue pasando mientras le describía los dos o tres únicos recuerdos que tengo de mi padre; mi vínculo a través del tenis con mi madre; la dramática pérdida de mi trabajo en el 2009; la muerte de mi suegro y la búsqueda incesante de referentes paternos en mi vida.

Por alguna razón, María sintió mi urgencia. Vio que yo quería ir al grano. Aprovechó el siguiente turno de palabra para plantearme hacer una *constelación familiar.* Recuerdo no prestar mucha atención a su explicación sobre lo que era eso. Tan solo atendí la historia de un tal Bert Hellinger, el creador del método en la pasada década de los setenta. Ese hombre se dio cuenta de que las personas que representaban a los familiares durante una constelación sentían cosas en su propio cuerpo. Aquellas sensaciones se correspondían con lo que le sucedió o le sucedía, en ese momento específico, a la persona representada.

Me planteó empezar con muñecos.

Al principio me sentí reticente. Ella insistió amablemente hasta que accedí. Me puso una caja delante con varios muñecos. Escogí una mujer que curiosamente estaba en la misma posición que la imagen mental que tenía de mi madre en el momento fatídico. Me di cuenta de que esa figura era la única que tenía una flor en la mano. El padre vestía de rojo, rubio y con bigote. El niño vestía de amarillo por lo que me acordé del "halcón dorado", un superhéroe inventado al que solía dar vida de pequeño jugando con mi vecino Josito.

Los coloqué separados, mirando al niño que estaba de espaldas a ambos. Me dijo que los moviera si quería, pero no pude. Entonces, me pidió que me fijara en la posición azarosa en la que los había dejado.

Explicó que, de alguna manera, yo era ellos dos y que el niño necesitaba decirle a todos que esos eran sus padres; que el niño era sus padres, le gustara o no al resto del mundo. Cuando me dijo que le diera la vuelta al niño para que los mirara a ambos, rompí en llanto. Con rabia, cogí los muñecos y los uní en un abrazo diciendo: "¡Esto es lo que el niño quiere!".

No sé en qué momento le informé de que yo actuaba exactamente igual a como lo hiciera mi padre. Él y yo éramos muy similares. Entonces, me contó que los niños que sufren una pérdida paterna, repetían en su edad adulta lo que vieron en su ancestro. Según María, yo estaba haciendo con los demás lo que mi padre hizo en su día. Con ello, buscaba llamar la atención. De ese modo, desafiaba a los que me querían diciéndoles:

"Este que ves en mí era mi padre; si me quieres, acéptalo; no me eches de tu vida. Como es seguro que no lo vas a aceptar, me echarás de tu lado. Por ello, prefiero no quererte".

Eso cuadraba con lo que había presentido varias veces: era yo mismo el que evitaba un dolor futuro. Siempre buscaba romper cualquier tipo de relación antes que la otra parte, tanto a nivel sentimental como profesional. Así no volvería a sufrir un daño similar al provocado por lo de mis padres.

Esa podría ser también la explicación al hecho de que casi todos los proyectos que empezaba no llegaran a su fin. "¿Y si fracaso al final de todo el esfuerzo? Prefiero dejarlo antes de que eso suceda", solía pensar. Tal vez por todo ello, cuando me dieron la nota del último proyecto que me valía el título de arquitecto, me deshice en lágrimas de alivio. Nadie sabía el enorme esfuerzo que tuve que hacer para dejar atrás toda esa dinámica autodestructiva con el fin de acabar la carrera. Ahora estaba claro que aquello solamente fue una batalla ganada, porque el conflicto continuaba.

María no terminaba de explicarse el hecho de que no me hubiese convertido en delincuente, drogadicto, alcohólico o ludópata. Afirmó que esa suele ser la consecuencia habitual en casos de extremo sufrimiento como el mío.

En esas estábamos, cuando sintió la necesidad de iniciar una constelación familiar. Así que nos incorporamos, cogió dos cojines que tenía en una zona y los colocó enfrentados en el suelo.

Era mi primera constelación por lo que no sabía en qué consistía. Cuando me dijo que ella haría de mi padre y yo haría de mí mismo, no entendí muy bien qué quería decir.

Nos fuimos ubicando cada uno detrás de un cojín y comencé a seguir sus instrucciones.

Ahí estaba yo, de pie, dubitativo y extrañado. Entonces fueron llegando en tropel toda una serie de pensamientos:

¿Qué hago aquí? ¿Estoy detrás de un cojín con todas las cosas que tendría que estar haciendo ahora mismo? ¿Cómo ha podido un arquitecto como yo llegar a esto? Menuda pérdida de tiempo. ¿Hay personas que se creen estas patrañas?

Se suponía que delante de mí estaba situado mi padre. El caso es que yo únicamente la veía a ella.

María cerró los ojos y se concentró en silencio ajena por completo al arsenal de dudas que rondaba mi cabeza. De repente, empezó a decirme que sentía mucha rabia, un dolor enorme en el alto vientre y que tenía ganas de vomitar.

Yo no entendía nada.

Me pidió que sintiera la rabia acumulada hacia mi padre.

Solía pensar que el asunto con él era algo del pasado que se quedó en mi niñez. Además, ya era un adulto con mi vida "casi solucionada". Había sido capaz de lograr dos títulos universitarios, trabajar durante bastante tiempo y crear mi propia familia por lo que aquello debía estar superado. En ese momento, creía que experimentar rabia por un hombre así sería señal de inmadurez. Aquel razonamiento hizo que no pudiera sentir ni siquiera un leve enfado hacia él, así que se lo dije: "No siento rabia".

Ella insistió. Suspiré un tanto irritado por su perseverancia. Entonces fueron llegando otro tipo de pensamientos a mi mente. Pensé que quizás yo mismo me estaba cerrando al "experimento" porque lo veía "racionalmente inútil". Me di cuenta de que podría perder una gran oportunidad. Entonces, escuché algo con claridad que procedía de algún lugar dentro de mí:

"Santi, has llegado hasta aquí. Tírate a la piscina. ¿Qué puedes perder?".

Así pues, abandonado a mi suerte, respiré hondo, abrí los ojos y dirigí la mirada hacia el suelo buscando sus pies. Examiné mis recuerdos para encontrar la última imagen que tenía de mi padre. De repente, cuando me decidí a mirar hacia él, lo empecé a sentir. Algo en mi interior comenzó a girar a gran velocidad a la altura del abdomen. Lentamente, empezó a subir dirección a mi garganta. Era como si, desde el estómago, surgiera una columna de energía. Parecía lava ascendiendo hacia el cráter de un volcán.

Poco a poco, empecé a subir la mirada hacia las rodillas, luego el abdomen, el cuello y finalmente los ojos. En ese momento, el volcán entró en erupción.

Afloró la furia acumulada, toda la ira contenida del niño que todavía habitaba en mi interior. Mi cuerpo empezó a temblar. Todos los músculos entraron en tensión. Los brazos y el pecho parecían volverse de acero. El abdomen, las piernas, todo se endureció. Respiraba como un toro a punto de lanzarse hacia el capote. No era un niño. Me veía a mí mismo convertido en adulto, hablando con mi padre que, en ese momento, tendría más o menos mi misma edad. Quería cogerlo por el cuello y zarandearlo como un gato al ratón. Mentalmente, le dije:

¿Has visto lo que te has perdido? ¡Mírame! Sí, soy yo, tu hijo. Un hombre adulto. Un hombre fuerte. Todo esto te has perdido. Toda una vida. ¡Toda mi vida! ¡Estúpido!

Sentía una energía imponente; fuerza bruta por todo mi cuerpo. Fue algo que me recordó a lo que le sucedía al protagonista de una famosa serie japonesa de dibujos animados, cuando la ira por alguna injusticia durante un combate le hacía transformarse en superguerrero envuelto en un aura de fuego.

María asistía expectante al encontronazo con mi padre. Tras unos segundos, me sugirió decirle lo siguiente: "Papá, me irritó mucho lo que hiciste".

Aunque terminé diciéndolo, no sentí las palabras al pronunciarlas porque seguía totalmente enzarzado con él. Estaba concentrado en lograr que, de algún modo, me oyera desde el más allá.

—Dame una vara metálica y la rompo —dije apretando los dientes.

Tal era la energía que sentía. Me ofreció un cojín marrón y me dijo que apretara ahí. Al mirarlo, observé la imagen de una mujer sin rostro, de pelo no muy largo, con una bufanda que le caía a un lado. Era María. "Estoy viendo una mujer en el cojín. Eres tú. Será un efecto óptico", comenté.

La rabia se fue sin más. Desapareció. No cayó ni una lágrima de mis ojos. Me dio otro cojín de color beis; comprobé sobre él que la imagen de la mujer se había esfumado.

María se puso entonces en el puesto de mi madre. Para ello, escogió un cojín de color rojo con forma de corazón. Respiró hondo un par de veces y dijo: "Siento una enorme tristeza, un dolor tremendo en el abdomen y también ganas de vomitar". De pronto, comenzó a llorar y a sollozar. Estaba atónito delante de ella. Al igual que unos minutos antes delante de mi padre, me limité a observar lo que sucedía como si fuese un espectador.

¿De verdad siente algo? Eso parece puesto que no para de llorar. Pero ¿cómo es posible?

Tenía ganas de abrazarla, de abrazar a mi madre. Debido a mi total desconocimiento de las reglas durante una constelación, no sabía si debía hacerlo. Casualmente, me dijo si podía acercarme más. No lo dudé. Despacio, fui acercando mi cojín hacia ella con el pie. Hizo un gesto con la mano para pedirme que guardase una especie de distancia de seguridad. Así lo hice.

Empezó a sentir otra vez. Entonces, exclamó:

—¡Madre mía! Siento un amor enorme aquí. Es algo especial. Un amor madre-hijo tremendo. ¡Dios mío! —Abrió los ojos como platos y continuó diciendo—: ¡No te has vuelto loco todo este tiempo por esto! ¡Por el inmenso amor que tu madre sentía y siente hacia ti! Te ha estado cuidando. Y todavía lo hace. Es el mismo amor que tú le das a tu hija. ¡Es increíble!

¿Qué? ¿Insinúa que el amor es capaz de traspasar los límites del tiempo y del espacio, más allá de la muerte, para llegar a mí intacto?

Me eché a llorar como un niño pequeño que se reencuentra con su madre tras mucho tiempo sin verla. Esas palabras las había repetido mi hermana una y otra vez. "Mamá está con nosotros y nos cuida", me decía siempre.

Miré tiernamente hacia ella buscando sus ojos. En eso que, cuando alcé la vista por encima de su hombro derecho, volvió a aparecer en la pared la misma imagen de antes. El pelo, la bufanda, la cintura y los brazos de María. Era todo su contorno pero sin rostro, como una sombra de color dorado. Esta vez el fondo sobre el que estaba proyectada esa "sombra" no era oscuro sino el color beis del propio cerramiento. ¿Un efecto óptico?

Se lo comenté a María quien dijo que era muy bueno que me distrajera de ese modo. Para ella, eso significaba que había sido capaz de poner freno a mis emociones de forma natural y rápida. Cuando escuché aquello, recordé haber leído algo sobre eso en el libro de *Curación Emocional* en relación al sistema simpático del cuerpo humano. Parecía que algo empezaba a ajustarse realmente en mí...

Nos volvimos a sentar. Un comentario suyo sobre mi alta sensibilidad supuso el final de la sesión. Me acompañó al coche y nos despedimos hasta la semana siguiente.

Cuando llegué a casa le conté a Marta todo lo que hicimos. Se puso muy contenta. Dijo que se sentía orgullosa. Comimos y nos fuimos a dormir la siesta.

La situación llevaba muchas semanas siendo tensa desde mi caída en el pozo. Ella había dejado claro sus dudas sobre nuestra relación conyugal. A pesar de este gran primer paso, yo no era capaz de divisar un horizonte claro en cuanto a mi depresión. Por eso, cuando aquella tarde noté que Marta se acercaba cariñosamente en la cama, sentí alivio y la abracé contra mí.

Esa tarde de enero experimenté lo que era hacer el amor. Jamás había sentido tantas cosas y con tal intensidad como aquella vez. No había expectativas ni juicios a priori, solamente energía que nos envolvía a ambos. Fue algo sublime, un encuentro con Marta en todos los niveles.

Al acabar, nos quedamos sorprendidos encima de la cama.

¿Qué había ocurrido?

En ese preciso momento, sonó el timbre de la puerta. Marta salió súbitamente del estado maravilloso en el que estábamos reposando. Pude sentir cómo se tensaba todo su cuerpo. Asustada, se incorporó de un brinco. Me miró y dijo con voz temblorosa: "Por lo que más quieras, ¡no te enfades!".

Me quedé asombrado. No entendí su reacción. ¿Por qué me decía eso? Parecía que me había confundido con otra persona.

Me levanté, me coloqué algo de ropa y abrí la puerta. Era el fontanero que había llegado puntual a su cita. Luego entendí que su miedo provenía de lo que Marta conocía sobre mi comportamiento habitual hasta ese día. Algo tan insignificante como que despertaran a la niña hubiera desatado la furia en mí. Sin embargo, ese día era distinto. De hecho, no me alteré en absoluto. Nada. El fontanero nos dio una pésima noticia, busqué una solución alternativa y se marchó. Mi capacidad de resolución de problemas parecía estar operativa de nuevo.

Durante todo el día permanecí en un estado de equilibrio casi olvidado. Me costaba recordar cuándo fue la última vez que sentí una calma similar. Algo había ocurrido esa mañana que me hizo empezar a cambiar cosas sin entender muy bien qué o cómo lo había hecho.

Consciente de ese primer paso e impulsado por él, comencé a escribir sobre lo que estaba experimentando. Más de cuatro años llevaba relatando en un diario la historia de mi hija pero esto iba a ser muy diferente. Al teclear en el portátil la primera línea, pude sentir el deseo y la ilusión implícitos en cada palabra:

"Hoy, 10 de enero de 2014, he dado un gran paso hacia mi nueva vida".

En aquel momento, no podía ni imaginar el verdadero significado de esa frase.

Presta atención

En la semana previa a mi segunda sesión, comenzaron a darse varias anécdotas que iban apuntando hacia un cambio de rumbo.

El domingo 12 de enero, celebramos el 89º cumpleaños de mi abuela Carmela, la madre de mi madre. Toda mi familia materna acudió a la cita. Era la primera vez que veía a mis queridos tíos y prima de Albacete desde el anuncio de mi depresión a la familia. La única ausencia era mi primo Carlos Manuel, aún en Dinamarca. Los abracé nada más verlos de uno en uno pidiéndoles perdón mentalmente. Era consciente del daño que les había causado. No en vano, ellos fueron uno de los primeros descartes que mi mente hizo en el pasado debido a insignificantes diferencias de criterio.

Aproveché aquella oportunidad para contarle a mi tía Maricarmen, hermana menor de mi madre y a su hija Noelia, mi experiencia en la primera sesión de psicoterapia. Les hablé del inesperado volcán en erupción, de cómo sentí esa energía saliendo de mi cuerpo así como de la posible razón por la que no me había vuelto loco a raíz de lo sucedido con mis padres.

Continué relatando varios aspectos que me llamaron la atención de aquella sesión. Fue entonces cuando, ante mi propio asombro, convertí en palabras un pensamiento oculto desde hacía años y dije: "El hombre que perpetró aquella barbaridad era, y seguirá siendo, mi padre".

Pronuncié esas palabras con tal convicción que todos empezamos a llorar. Esa frase brotó directamente de mi corazón. Algo tan obvio como aquel dato, que mi padre es mi padre, parecía irrumpir en nuestras vidas como un elefante en una cacharrería. El silencio posterior ratificó aquella verdad desestimada.

Al día siguiente, Sara acudió a su colegio nuevo tras el largo parón danés. Pudimos así organizarnos y repartirnos las tardes de la semana. Cada día uno de nosotros se ocuparía de la peque a la salida del colegio y el otro tendría tiempo para hacer lo que le apeteciese.

Comimos en un restaurante asiático y tuve que verme en la situación de decidir qué escoger del menú. Recuerdo dudar entre carne o pescado. A pesar de que me decanté por la primera, noté que me apetecía muchísimo lo segundo. Esto me venía sucediendo desde hacía años, pero siempre tendía hacia la carne.

Aproveché mi primera tarde libre tras el pacto con Marta para ir a la biblioteca y continuar la lectura del libro que me dejó Antonia. Curiosamente, había un capítulo dedicado a los ácidos grasos Omega-3, típicos del pescado y el marisco. En el libro los describía como "el alimento del cerebro emocional" y un antidepresivo natural. Entre las bondades de esos ácidos grasos se encontraban la mejora de la productividad y el humor.

"¿No he notado esa necesidad vital de Omega-3 hoy mismo en el restaurante?", me pregunté. La información que tenía ante mí no solo era interesante, sino que me hacía sentir el impulso de ponerme en marcha sin dudar. Acudí al supermercado más cercano para comprar caballa y aceite de lino. Aquel mismo día comencé mi dieta mejorada con productos ricos en Omega-3.

Por la noche, vimos una película documental sobre un famoso cooperante español fallecido hacía pocos años. En ella se describía la vida de ese hombre en la India donde llegó a crear su propia fundación.

La personalidad de aquel cooperante llamó poderosamente mi atención. Estaba maravillado con su energía y determinación. ¿Qué es lo que movía a ese hombre? ¿Qué extraña fuerza parecía guiarlo en todo momento? La respuesta llegó poco después cuando un familiar comentaba que ese hombre dejaba que la providencia le guiara hacia el sitio exacto donde su presencia era necesaria.

"¿Qué es eso de 'la providencia'?", me pregunté.

Recuperé la ilusión por ver programas de humor. Al haber dejado de criticarlos, volví a divertirme con ellos sintiendo así los beneficios casi olvidados de la risa.

El miércoles llevamos a Sara al colegio. El caos circulatorio era tremendo. Tuve que aparcar en una zona no autorizada. Pocos minutos después, decidí buscar un lugar adecuado para estacionar. Todos los padres llegaban ávidos por dejar a los niños para irse raudos y veloces a sus puestos de trabajo. Dejar el coche en doble fila era una práctica habitual. Por esa razón, todas las mañanas uno de los dos sentidos de la vía se quedaba inutilizado.

Iba circulando por mi carril cuando un enorme turismo negro se acercó conduciendo a toda velocidad. Ambos tuvimos que frenar en seco para evitar la colisión. Detenidos, miré hacia ese coche y observé a la conductora: una indignada señora con dos niños pequeños detrás que me lanzaba toda clase de insultos. A pesar de no llevar razón en sus quejas, me instaba ferozmente a que me apartara. Con gestos claros, mostraba su total oposición a moverse de donde estaba.

Sin duda, esa era una mujer muy afortunada. Si esa situación se hubiera dado una semana antes, tendría a esa señora suplicando en su asiento que la perdonara por su impertinencia. Además, los dos niños que llevaba detrás estarían llorando aterrorizados por mis iracundos alaridos contra ella.

Mi corazón se alteró con el frenazo. Las pulsaciones volvieron a la normalidad un par de segundos después. Estaba tranquilo mientras contemplaba a la conductora haciendo gestos. Dejó de importar quién llevara razón. Al ponerme en su lugar, entendí su enfado. Esa mujer llegaba tarde, sus planes podían irse a pique y le pudo la ansiedad. Buscó un culpable y lo encontró en mí. Me puse del lado de la solución sin cuestionarme nada más. Di marcha atrás unos cuantos metros, la dejé pasar mientras seguía insultándome y continué mi camino.

Finalmente, aparqué el coche. Marta me dijo de ir a tomar un café con mi prima Gloria que andaba por la zona. Sentados en el bar, ella nos explicaba todo lo que estaba disfrutando con un libro de física cuántica. En cuestión de segundos me vi entablando un diálogo con ella sobre el tema.

Después del café, dejé a Marta en el centro y regresé a casa. Busqué en internet los orígenes de la mecánica cuántica. Leí cosas sobre el descubrimiento de la emisión de radiación del cuerpo negro. Esto me llevó a recordar un documental que casualmente pocos días antes había visto sobre un celebérrimo científico. Este postuló por primera vez la existencia de la radiación de un agujero negro en 1976. Aquel descubrimiento le valió el reconocimiento mundial.

¿Cómo es posible que nadie se diera cuenta de las semejanzas entre el cuerpo negro y un agujero negro en más de un siglo?

¿Existirán también similitudes entre cuerpo blanco y un agujero blanco cósmico?

Estaba sorprendido. Independientemente de las más que dudosas cuestiones sobre física que uno pudiera plantear, lo más importante es que noté cierta mejora a nivel de procesamiento mental. Unos días atrás ni siquiera habría sido capaz de mantener una conversación.

Al medio día fuimos a visitar un piso. Marta había obtenido un dinero procedente de las herencias de su padre y abuela. Con ese efectivo, quería hacer realidad uno de sus anhelos: ser propietaria de una vivienda. Al venirse abajo el proyecto danés, ella tenía muy claro que había llegado el momento de buscar casa.

Era el primer piso que visitábamos. Nos quedamos encantados ya que reunía nueve de las diez premisas que debía tener el piso que Marta adquiriera: buena orientación, excelente ubicación, parques infantiles cercanos, distribución interesante, calefacción, piso nuevo de reciente construcción, cerca de un colegio, magníficas vistas y precio razonable.

¿Es posible que el primer y único piso que visitamos sea el elegido? Un momento... ¿No le comenté a Marta paseando, hace cosa de un año, que ese edificio era el más interesante de la zona?

Sí, así fue.

Por la tarde, fuimos al centro a ver a la madre de Marta. Coincidió que mi cuñada estaba allí. De repente, comenzó a llorar. El motivo era un hecho relacionado con su actual vida sentimental. El caso es que pude sentir su tristeza e incertidumbre con respecto al futuro. Emocionado, la abracé como nunca lo había hecho antes.

Al día siguiente jueves, tuve que hacerme cargo de la visita del comercial de la alarma de casa. Caducaba el contrato y la renovación no iba a ser barata. Intenté hacerle ver que habíamos sido unos clientes fieles desde hacía más de ocho años. Por aquel entonces, considerábamos que la seguridad de nuestra familia era primordial, más aún al vivir en una casa aislada en medio de la huerta de Murcia.

El comercial insistía en que no podía mejorar el precio. Siguiendo otro impulso, decidí no renovar el contrato. Se quedó desconcertado; no había acudido allí para salir sin la renovación firmada. Lo acompañé a la puerta oyendo sus súplicas. Disparó su último cartucho recordando en voz alta el aumento de las cifras de robos en la ciudad. Lo miré a los ojos, y con esa voz firme que venía surgiendo últimamente desde mi interior, le dije:

"Gracias, pero he decidido vivir sin miedo".

Al terminar de pronunciar esas palabras noté que algo se movió en mi interior. La sensación que me quedó era de alivio y vitalidad. Pese a ello, aún no era consciente de la importancia de aquella frase.

Llegó así el viernes 17 de enero, el día acordado para acudir a mi segunda sesión con María.

Una vez en su casa, le conté cómo había ido la semana: el equilibrio que sentí tras la primera sesión con ella, el encontronazo en el colegio con aquella mujer, el abrazo sincero a mi cuñada, etc. Se alegró al comprobar que iba recuperando la capacidad de "escuchar" mis emociones.

Hablamos sobre la dificultad de expresar negación ante peticiones que nos hacen nuestros seres queridos. También sobre la importancia de expresar ese "no" cuando es eso lo que sentimos. Según ella, si el receptor de la negativa se lo tomaba mal, era algo que debía analizar esa misma persona.

Me animó a ser paciente para evitar "volver a subirme al mundo" a la ligera. Comentó que uno de los aspectos comunes en personas en mi situación era sentir la necesidad de regresar a sus vidas lo antes posible. Cuando eso sucede, el riesgo de tener una recaída es alto. En este punto, me asaltó una duda:

¿Cuándo sabe uno que puede reincorporarse al mundo?

Supuse que eso debía ser algo que el terapeuta te dice llegado el momento. La verdad es que la ansiedad regresaba a mí cada vez que pensaba en ello. Por fortuna, estaba a pocos días de descubrir la respuesta a esa pregunta.

Volvimos al tema central de la terapia, en concreto, a la disociación masculino-femenina. Una pregunta se quedó en el aire:

¿Cómo podía amar mi masculinidad sabiendo lo que mi padre, mi referente, le había hecho a mi madre?

María confesó que en nuestra primera sesión, el momento en que ella se colocó en el puesto de mi madre y empezó a sentir, había sido una de las veces que más intensidad había notado en una constelación. Me recordó lo que notó en ella: el dolor en su abdomen y las ganas de vomitar cuando ocupó su puesto. Esas sensaciones suelen ser sinónimo de rabia acumulada hacia esa persona.

¿Sentir rabia por ella? ¿Cómo es posible? ¿Por qué iba yo a sentir eso por mi madre?

A medida que pensaba en esa idea me iba cabreando y comenté en voz alta:

Espera un momento. Claro que es posible sentir rabia por ella. ¿A cuento de qué tuvo que hacerse la valiente? ¿Por qué no hizo caso a las recomendaciones que le decían: "Tere, no vayas sola a pedirle la separación; puede ser peligroso"? ¿Por qué fue tan egoísta? ¿Por qué no pensó en sus dos hijos? ¿Por qué no pensó en nosotros? ¡¿Por qué?!

Con la última pregunta, solté un grito de frustración acompañado de un puñetazo en el sillón. Una vez que saqué la cólera, lloré al pensar que aquella tragedia pudo haberse evitado.

La sesión finalizó en ese punto. El llanto y el silencio dieron paso a la despedida.

Ponte en mi lugar

Hacía tiempo que venía sintiendo unas ganas enormes de retomar el deporte. La misma tarde después de salir de mi segunda sesión, me llamó Michel. Dijo que iba a jugar al tenis con más gente en el club donde solíamos entrenar, así que decidí apuntarme.

Allí me reencontré con viejos amigos que no dudaron en proveerme de todo lo necesario para poder jugar con ellos. Sentí que mi cuerpo me agradecía la oportunidad de volver a moverse a ese ritmo e intensidad. El humor fue mejorando por momentos por lo que empecé a bromear con ellos, algo que aprecié como un signo positivo del avance emocional.

Poco después de empezar a entrenar llegó mi hermana con su hijo mayor y con Sara. Fue la primera vez que mi hija veía a su padre jugando al tenis. Desde lejos se podía comprobar su cara de sorpresa y emoción. Al verla entrar en la pista le di un abrazo, ya que para mí también era un momento especial.

El lunes 20 de enero pude retomar la lectura de *Curación Emocional*. Empezaba a notar cierta relación temporal entre los acontecimientos que tenían lugar en mi vida y lo que terminaba leyendo en aquel libro. Primero experimentaba un impulso que me hacía tomar acción. Una vez seguido dicho impulso, el texto parecía decirme que iba por el camino adecuado.

Leí un capítulo sobre el enorme beneficio que el deporte tenía sobre la depresión. Personas que habían estado medicándose, lo habían sustituido por el ejercicio físico obteniendo excelentes resultados.

En el siguiente capítulo, se hablaba de la necesidad biológica del ser humano de dar y recibir amor. Se llegaba incluso a definir la relación afectiva como algo tan real y determinante como un medicamento o una operación quirúrgica.

La primera sesión de Marta con María tuvo lugar el miércoles de esa semana. En ella trataron los dos abortos prematuros previos al nacimiento de nuestra primogénita. Hicieron una constelación individual. Cuando la recogí parecía que había sido muy intenso. Habló del tema con mi hermana en la comida. Tras comentarle que le había quitado un peso de encima a nuestra hija, se puso a llorar. No era nada habitual ver a Marta sufrir tanto. Aquel día Sara se mostró muy vital, como si algo le hubiera inyectado energía.

Jugamos toda la tarde mientras Marta preparaba la cena además de un delicioso bizcocho. Por la noche, tuvo que marcharse para ayudar a su hermana con sus hijos por lo que no durmió en casa. Cuando acosté a Sara, esta me pidió que me tumbara junto a ella. Con la cabeza en la almohada, nos miramos a los ojos. Le dije en inglés que la quería con todo mi corazón a lo que ella me respondió: "Te quiero mucho papá".

Me incorporé, le di un beso en la frente, le dije buenas noches, apagué la luz y cerré su puerta para poder llorar de pura emoción.

Al día siguiente por la tarde, fui a visitar a Michel quien me contó diversas anécdotas sobre el desconcertante comportamiento social de mi padre. Horas después, gracias a la mediación de Juanjo, tuve la oportunidad de unirme a un grupo de fútbol sala para jugar un partido después de haberlo dejado hacía años. Junto con el tenis, ambos eran los deportes de mi niñez. Me traía grandes recuerdos. El hecho de que se jugara en equipo introducía conceptos diametralmente opuestos a la competición individual en el tenis tales como la confianza en el compañero, la cooperación y el perdón, lo cual intuía que me iba a venir muy bien.

El viernes 24 de enero de 2014 quedaría grabado en mi memoria emocional.

La tercera sesión con María empezó con el tema de la ansiedad. Esta aparecía cada vez que pensaba en mi futuro. No tenía nada claro cómo quería ganarme la vida. Cada vez que estaba triste o enojado venía esa duda a mi mente provocándome estrés.

La sesión no había hecho nada más que comenzar, cuando noté que iban apareciendo pequeñísimos puntos de luz blanca delante de mí. Se movían por todas partes y en todas direcciones. Brotaron sin más durante varios segundos. El caso es que pude reconocerlos. Aunque era la primera vez que me sucedía ahí, no era el primer día que los veía. Lo extraño es que a diferencia de aquellas otras veces, en esta ocasión no hice nada que provocara su aparición: no me había incorporado súbitamente de una cama o una silla; en ningún momento me froté los ojos; tampoco estuve expuesto a un contraste enorme de luz; ni siquiera me encontraba en movimiento; no estaba exhausto a causa de un desgaste físico, mental o emocional importante, ni había parado repentinamente de moverme.

Entonces me acordé de la anécdota del 3 de noviembre de 2012.

El partido en Monteagudo comenzó tarde.
Me tocó enfrentarme a un chico corpulento que golpeaba la bola con muchísima fuerza.
Aquella ocasión acabé con victoria aunque

destrozado por el intenso esfuerzo físico al que ya no estaba acostumbrado. Llegué a la cena familiar en casa de mi hermana pasadas las 22h agotado y sin haber cenado nada. Pocos segundos después de dejarme caer en una silla, apareció en mi ámbito de visión una figura geométrica con forma de óvalo en tres dimensiones. Su contorno, a base de filamentos de luz brillante formando una superficie triangulada que cambiaba de color, parecía estar en movimiento. El interior de cada triángulo de aquella superficie estaba vacío, dejando ver el salón a través del mismo. Toda la figura era perfectamente visible tanto con los ojos abiertos como cerrados.

A pesar de la belleza de la visión, el susto fue descomunal. Mareado, tuve que tumbarme en la cama matrimonial de mi hermana. Mi *yo* hipocondríaco se temía lo peor: "¿Será una señal de mi prematura muerte por inanición?", me preguntaba.

Al cabo de un rato, aparecieron Sara y mi sobrino Víctor, cinco meses mayor que ella. Se colocaron ambos junto a la mesita de noche. El chaval, con tono afable y calmado, dijo: "Santi, cuéntanos cosas".

Aquello me sorprendió porque, por aquel entonces, él me hablaba solamente para pedirme el móvil y jugar así con sus aplicaciones. Aunque no supe qué contestar, esa frase tuvo un efecto balsámico en mí y regresé al salón.

Curiosamente, mi hermana nos había convocado esa tarde para darnos la noticia de su segundo embarazo.

Continuamos con la constelación familiar.

María me pidió que eligiera tres cojines y los colocamos en el pavimento. Ella se puso en el puesto de mi padre. Rápidamente comenzó a sentir. Decía que estaba experimentando en él mucha tristeza. Me preguntó si sabía de algo que hubiera ocurrido en la familia de mi padre parecido a lo que terminó sucediendo con él. No pude contestarle porque no tenía ni idea. Me explicó que cuando hay un "excluido" en una familia, en la generación siguiente alguien asume ese mismo rol repitiendo la misma historia. Estaba convencida de que ese era el caso de mi padre. Le dije que no tenía ni la más mínima idea. Por extraño que parezca, nunca nadie me había contado nada sobre su vida ni tampoco yo me había interesado por ello en absoluto. Caí en la cuenta de que no lo conocía. Era un perfecto extraño para mí.

Viendo que ese era un camino sin salida, María dio un giro radical. Sin previo aviso dijo: "Vamos al momento donde todo sucedió".

Me quedé paralizado por esas palabras sin saber qué quería decir exactamente. De pronto, me vi acostado sobre una alfombra en el suelo, boca arriba. "Ahora, vas a ser tu madre en aquel preciso instante", me indicó.

Tras una breve pausa, preguntó: "¿Qué sientes?".

Estaba abrumado, desconcertado, no sabía qué decir ni qué hacer. "No siento nada", contesté.

Lo interpretó como que la energía estaba paralizada ahí, en mi madre, como en un estado de *shock*. Tal vez por ello, María asumió el papel de aquella, instándome a ocupar el puesto de mi padre antes y después de dispararle.

La celeridad en sus decisiones, junto con su seguridad al dar directrices, hizo que mi incertidumbre fuese en aumento. Sentía que todo se estaba precipitando hacia un lugar que no controlaba en absoluto. Era una auténtica marioneta en sus manos. Aunque incómodo, estaba expectante y esperanzado.

María —mi madre— se tendió boca arriba. Yo —mi padre— estaba de pie a su lado, mirándola al rostro. Pasaron pocos segundos hasta que ella empezó a llorar. Dijo que sentía muchísima rabia y que le dolía la parte del sacro. No tardó mucho en añadir que se sentía enormemente triste. Fue entonces cuando sus piernas empezaron a temblar de forma espasmódica ante mis incrédulos ojos. Comenzó a llorar sin consuelo. La miraba atónito. Contemplaba todo su dolor. Empecé a sentirme culpable de su sufrimiento. Buscaba mis ojos pero yo rehusaba mirar los suyos porque, cuando lo hacía, la veía padecer de forma salvaje.

Sentía que había cometido el mayor error de mi vida. Notaba su inmensa angustia pero no podía moverme ni tampoco hablar. Ella se acordaba de sus dos hijos. Por dos veces sentí que me caía, que perdía el equilibrio pero aguanté de pie. Me miraba a los ojos y me pedía que dijera "lo siento". Hacía tiempo que yo no dejaba de llorar. La culpa no me permitía articular palabra. Ella repetía una y otra vez que necesitaba oír una disculpa por mi parte. Consciente de que no había vuelta atrás, tomé aire y le dije: "Ya no hay remedio. Está hecho".

Nada más pronunciar esas palabras sentí que mi mano derecha empezaba a moverse. La miré estupefacto observando cómo temblaba.

¿Qué está ocurriendo? ¿Acaso fue en ese momento cuando agarró su arma con esa mano y le disparó?

Con la voz rota, ella insistía: "¡Dime que sientes lo que has hecho!".

Sin poder mirarla a los ojos, intenté calmarme. Tomé un poco de aire. Por bajo, casi sin aliento, un hilo de voz dejó que se escuchara un esquivo y tal vez tardío "lo siento".

El ambiente estaba cargado de tensión. Entre sollozos, María me dijo que si necesitaba moverme o sentarme, que lo hiciera. Hacía tiempo que sentía mi cuerpo tambalear. Tomé asiento de cualquier manera en el suelo y lloré. Por su parte, ella dejó de hacerlo tras un rato.

Perdí la noción del tiempo. Desorientado, no sabía hasta qué punto era mi padre o yo mismo. Comencé a sentir un dolor general que me hizo cerrar los ojos. Estaba extenuado a todos los niveles.

Justo entonces, en el vacío silencioso de mi mente, brotó una imagen. Era un rectángulo de luz que aparecía y desaparecía como un destello en medio de la oscuridad. Algo familiar parecía haber en él. Cuando me concentré en lograr ver los detalles de esa imagen, pude distinguir un patrón conocido. Entonces, caí en la cuenta. Se trataba del dibujo característico de las rejas de la ventana de la habitación de mis padres...

Cuando abrí los ojos, pude mirarla. Seguía acostada pero se notaba más calmada. Su cara era distinta. Al cabo de un rato, dijo: "Ahora, más tranquila. Fíjate, siento que todavía lo quiere".

Se fue incorporando poco a poco hasta ubicarse detrás de mí que continuaba sentado de la forma que caí antes. Me puso detrás lo que en la jerga terapéutica llaman un *recurso*, tocándome la espalda y los brazos. Aunque pude sentir su energía, yo no estaba allí con ella. Todo mi ser se encontraba en otro lugar, en otro tiempo...

Sentí como mi padre se sentaba contra el armario que había justo enfrente de la cama matrimonial. Tenía la mirada perdida hacia esa ventana. Estaba arrepentido. No podía creer lo que había hecho.

Se lo comenté a María que tiernamente me pidió que me pusiera en mi propia posición de hijo. Cuando lo hice, me vi de nuevo en la puerta de la habitación. Estaba asombrado mirando la escena sin poder creer lo que estaba sucediendo: mi padre lamentándose momentos antes de tomar la decisión de suicidarse.

Siempre lo había visto como un monstruo calculador. Me lo imaginaba disparando a mi madre, fría y mecánicamente, segundos antes de acabar con su propia vida. Sin embargo, la insólita visión de aquella ventana me había dado la posibilidad de entender que no fue así. Todo apuntaba a que volvió a la realidad tras matar a "un ser extraordinario, a un ser humano sabio", tal y como María describió minutos antes a mi madre. Por extraño que pudiera parecer, en ese breve periodo de tiempo mi padre "vio la luz". Lo comprendió todo tras años de ceguera, de vivir dentro de su propia pesadilla.

María puso otro recurso tras de mí, tocándome los brazos durante un rato. Me dijo que si tenía que evadirme de esa situación que lo hiciera dando literalmente un paso atrás. Me levanté y di ese paso sin mucho convencimiento porque quería saber más, pero ya había sido demasiado por una hora.

Una vez sentados en los sillones, María me comentó que ese había sido uno de los momentos más intensos en sus siete años de experiencia haciendo constelaciones.

—No sé si darte la enhorabuena o pedirte disculpas —comenté.

—No te preocupes por mí. Todo esto es bueno para solucionar mis propios problemas y echarlos fuera —hizo una pausa y continuó—: Has hecho un esfuerzo enorme. El avance es significativo.

En el inicio de aquella sesión, María me había ofrecido un libro sobre teoría de las constelaciones familiares que yo acepté gustosamente leer. Cuando en ese momento me lo volvía a ofrecer poniéndomelo en las manos, no pude cogerlo. Noté que no debía hacerlo. Le dije que prefería seguir sintiéndolo todo como algo "mágico" sin explicación posible. Me miró, asintió y recogió el libro.

Sentado en el sillón, lloraba desconsoladamente porque sentía el peso enorme de una tarea colosal sobre mis hombros: cambiar la imagen espantosa que todos tenían de mi padre. Para ello tendría que investigar su pasado. Ella dijo que eso saldría en las sesiones futuras. También me informó de que ahondaríamos en el odio de mi padre hacia las mujeres estudiando la relación con su madre.

La sesión había terminado. Me acompañó a la puerta principal. Me dijo que hiciese todo lo que me apeteciera: dormir, salir, pasear, tomar el sol. Insistió en que necesitaba descansar mucho esa semana. Por último, me dio un abrazo y dijo: "Hoy ha estado a punto de suceder algo muy grande además de necesario. Ha faltado muy poco pero no te preocupes porque llegaremos. Ánimo".

Por mensaje de texto le dije a Marta que había tenido una sesión bastante dura; que me encontraba aturdido y muy cansado. Me pidió que la recogiera cerca de casa.

Llegué al lugar acordado, entró en el coche y me preguntó cómo estaba. Le expliqué a grandes rasgos cómo había ido la terapia. Le repetí los consejos de María sobre descansar mucho, dormir y relajarme todo lo que pudiese.

Cuando me vine a dar cuenta, Marta estaba hablando por teléfono, lanzando una oferta económica por aquel piso cerca de la avenida Juan Carlos I.

No podía creer lo que estaba pasando. ¿Es que no había escuchado nada de lo que le había dicho? ¿Acaso no pronuncié claramente las palabras "exhausto", "descanso" o "relajación"? ¿No hablé de tener paciencia y tomarnos tiempo?

Empecé a sentirme frustrado. Intenté hacerle algún comentario mostrando mi disconformidad con lo que acababa de pasar pero lo único que logré fue sembrar el germen de la discordia.

La dejé en casa de su madre y regresé a la nuestra. Sara seguía en el colegio. Cuando terminé de comer, recibí una videollamada desde Londres.

Era mi amigo Dani. No tardó en advertir mi rostro transformado por el cansancio y la desolación. Normalmente, hubiera disimulado intentando hacer alguna gracia pero ese día había agotado toda mi energía. Al preguntarme qué me pasaba, no tuve más remedio que seguir la inercia que últimamente me guiaba y decirle la verdad.

Le conté que esa misma mañana tuve otra sesión donde había tenido que ponerme en la piel de mi padre, en el instante exacto en el que todo se desencadenó. No atinaba a encontrar las palabras para mostrarme su consideración por haber sido capaz de algo así. A pesar de su buena intención, yo seguía en un estado tal que no escuchaba ni halagos ni reproches. Únicamente sabía que estaba haciendo lo que sentía que tenía que hacer y estaba decidido a llegar hasta el final.

Le comenté que me había sorprendido ver y sentir la parte "humana" de mi padre. Entonces, Dani dijo algo que no me esperaba: él siempre lo había visto como un hombre normal e incluso lo tenía por un señor simpático. Me contó que cuando era pequeño debía coger el autobús para ir al colegio. Mi padre estaba destinado casualmente en su pueblo para controlar el tráfico.

Empecé a imaginarme la situación con la primera palabra de aquella sorpresiva historia. En mi mente se dibujaba cada una de sus palabras...

El autobús deteniéndose para que Dani, un rubiales de unos diez años de edad, saltara de un brinco los escalones de acceso al vehículo. Corriendo por el interior, se sienta con otro salto. Deja la mochila en el asiento junto al pasillo para pegar la cara al vidrio de la ventana y no perder de vista su objetivo.

En la calzada, un policía local de mediana estatura, ataviado con su traje azul oscuro, dirige el tráfico con ambos brazos. Con su mirada vigila de reojo un sitio concreto en busca de un vehículo que le es familiar. Cuando logra divisarlo al final de la calle, una leve mueca rompe su rictus serio. El autobús llega a la altura del cruce. Dani empieza a gritar ante el asombro del resto de ocupantes: "¡Papá de Santi! ¡Hola!".

Mi padre se ha apartado para dejar paso al enorme vehículo. Aprovecha ese breve momento para buscar al pequeño rubiales, también tenista y amigo de su hijo, que siempre lo saluda sin importar placas ni pistolas. Un niño que no lo juzga por su silencio, por sus continuos desatinos, por su atrofia social o por su infernal vida depresiva. Un muchacho que lo ve como un ser humano, suficiente para regalarle la más cálida de sus sonrisas. Un ángel que le hace pensar, aunque sea por una fracción de segundo, que la vida todavía puede tener sentido.

Lo que das recibes

No pude pegar ojo durante todo el fin de semana. Los recuerdos de la sesión anterior se agolpaban en mi mente una y otra vez. Si a eso le sumaba la oferta económica de Marta por aquel piso, la noche en vela estaba garantizada.

Los planes de salir de casa ese fin de semana se desmoronaban a las primeras de cambio por cualquier motivo externo. Yo seguía sin encontrar ningún tipo de relajación o equilibrio.

En la mañana del domingo 26 de enero, Marta y Sara decidieron ir a jugar al parque cercano. Cuando oí el golpe de la puerta al cerrarse, noté que había estado deseando que se marcharan para tener un momento de calma. Darme cuenta de ello me hizo recordar a mi padre y el vídeo de la depresión. Di un bote en la cama, desayuné, limpié y me uní a ellas. Fue agradable comprobar la satisfacción en sus caras al verme allí por sorpresa.

Al día siguiente, llevamos a Sara al colegio. Cada una de las cosas que tenía planeadas para esa mañana iba modificándose sin ningún motivo aparente. Empezaba a ponerme de los nervios. Únicamente me tranquilizaban los mensajes al móvil de algunos amigos, como fue el caso de Miguel. Además de interesarse por lo de mi depresión, aprovechó para contarme que estaba pintando la habitación donde colocarían la cuna de su futuro bebé.

A la hora de la comida, Marta, Sara y yo estábamos desperdigados cada uno en un lado de la ciudad. Aquello me sacaba de quicio por el caos organizativo. Solamente me calmé cuando caí en la cuenta de que, aunque separados, los tres estábamos contentos haciendo cada uno lo que le apetecía.

Por la tarde conseguí volver a la lectura del único libro que estaba leyendo por aquel entonces. En un capítulo se hablaba de ayudar a los demás de forma desinteresada. Una luz se encendió en mi mente. Recordé la conversación con Miguel sobre el futuro cuarto de su hijo. Cerré el libro de un golpe, me dirigí hacia el coche y puse rumbo a su casa.

Durante el trayecto estaba eufórico, vivo, alegre. Entonces recordé las anécdotas que contaban sobre mi madre y su predisposición a ayudar a todo el mundo en cualquier situación. "¿Será esto lo que ella sentía cuando ayudaba a otros?", me pregunté. En ese preciso instante, sonó una canción en la radio cuya letra no cesaba de repetir frases sobre resucitar saliendo de las sombras, no olvidar sonreír y estar siempre juntos. Me quedé helado al volante. Aquella canción podía ser perfectamente una carta imaginaria enviada por mi madre desde "el otro lado".

Esas "casualidades" no dejaban de fascinarme. Parecían encapsulados mensajes conectados con mis pensamientos y mis emociones. Cada vez que prestaba atención a lo que me rodeaba, lograba extraer una de esas señales en el entorno. Noté que aquello me sucedía, sobre todo, cuando mi estado de ánimo era jubiloso como en ese momento.

Aparqué el coche sin ningún problema en una zona de difícil estacionamiento. Llamé al timbre y contestó Julia. Subí los tres pisos del antiguo edificio por las escaleras. Me encontré con ambos en la puerta. No solía visitarlos, por lo que sus caras parecían preguntar qué hacía yo en su casa esa tarde. "Estabas pintando una habitación, ¿verdad? ¡Pues ya tienes auxiliar a tu cargo!", le dije.

Me miró extrañado. Cuando asimiló que hablaba en serio, esbozó una sonrisa, entramos en la habitación y nos pusimos a pintar.

Los días iban pasando. A pesar de los avances, los demás continuaban siendo el foco de mi descontento y frustración. Los motivos de mis cabreos eran absurdos en su mayoría. La desconcentración provocada por esos momentos de caos engendraba olvidos, disputas, salidas de tono, sustos al volante y despistes que me solían costar tiempo y dinero. Ni que decir tiene que todo ello suponía un varapalo tremendo para mi confianza en una posible recuperación.

En ese ambiente tenso, Marta debía ir con pies de plomo al plantear cada conversación para no herir mi sensibilidad. Había ciertos temas que no podía escuchar, ya que me provocaban ansiedad. Cualquier asunto peliagudo sobre nuestro pasado o nuestras familias podía encender la mecha.

Por ello, cuando el jueves 30 de enero ella me pidió que la llevara a su segunda sesión con María, la discusión estaba servida. El tema del transporte volvía a distanciarnos. Marta estuvo hace años a una sola respuesta correcta de aprobar el examen teórico del carnet de conducir. Teniendo en cuenta la dislexia que le fue tardíamente descubierta en la adolescencia, ese resultado era todo un éxito. Pese a ello, no volvió a intentarlo.

La semana había sido de todo menos relajante, así que no albergaba ningunas ganas de concederle ese tiempo. Aunque era consciente del posible berrinche posterior, tuve que hacer de tripas corazón y pronunciar la palabra "no".

Cuando dejamos a la niña en el colegio, nos despedimos fríamente. Ella marchó a su cita con nuestra psicoterapeuta y regresé a casa. La desazón por el reciente choque de intereses hizo que me refugiara en la lectura. Terminé de leer el libro *Curación Emocional* aquella mañana. Me dio tanta lástima que decidí releerlo. Comenzaría por el capítulo que más me apeteciera. Así, regresé a la coherencia cardíaca para probar sus bondades de nuevo.

Llevé a cabo todos los pasos indicados, sentado plácidamente en el sofá del salón. Llegó el momento de elegir un pensamiento. Recordé el buen resultado obtenido al pensar en un golpe de tenis. Esta vez, mi atención se dirigió a la grada de ese partido imaginario en el que ganaba el punto con mi revés a una mano. Una vez ejecutado el golpe, miré a los espectadores. Apareció entre ellos el rostro de alguien conocido. Empecé a notar que todo entraba en estado de calma. Solo había una persona capaz de crear ese ambiente a mi alrededor. Esa persona era mi madre.

Comencé a sentir los latidos claramente por lo que no tardé ni dos segundos en romper a llorar. El sentimiento era una mezcla de amor profundo, respeto, admiración y gratitud. El tenis no significaba nada para mí si ella no estaba ahí para disfrutar conmigo. Entendí que cada golpe que ejecutaba se lo debía a ella, se lo dedicaba a ella.

Aunque necesité calmarme al finalizar el ejercicio, me sentía estupendamente. Disfruté tanto de la experiencia que decidí repetirla. Al fin y al cabo, el libro no marcaba ningún límite.

En esta ocasión, una imagen me vino a la mente para generar un sentimiento de amor. Se trataba de mi hija Sara sobre el pecho de Marta en la habitación del hospital, pocas horas después de su nacimiento. Recuerdo aquel día perfectamente. Uno de los mayores deseos de mi vida se hacía realidad: ser padre. El hecho de pensar en la familia que yo estaba creando, mi propio núcleo familiar, hizo que mi reserva de lágrimas se vaciara por completo.

Me tumbé en la cama con las luces apagadas. Volví a recordar las veces que mi padre solía meterse en su habitación de la misma forma que yo estaba haciendo en ese instante. Aunque esa tarde la tenía para mí por el acuerdo al que llegamos Marta y yo semanas antes, algo me decía que tenía que regalarles mi tiempo a ella y a Sara.

Me levanté y fui a recoger a la niña al colegio. Allí me encontré con Marta. Les dije que íbamos a hacer algo distinto. Sorprendidas, aceptaron gustosas.

Durante el trayecto aguanté el interrogatorio como pude hasta que llegamos. Les había dado solo una pista: iban a disfrutar como pingüinos.

Aparcamos cerca de la entrada del centro comercial. La pista de hielo artificial había sido desmantelada unos días antes. Me quedé mirando el cartel donde mostraban toda la información sobre el tema con cara de resignación. Sara no dejaba de preguntar dónde estaba la pista para poder patinar. "Gracias de todas formas", dijo Marta acariciándome la nuca cariñosamente.

Aprovechamos la tarde para darnos una vuelta por el interior de aquel recinto. Montamos a Sara en varias atracciones e hicimos algunas compras. Siempre que las veía disfrutar me acordaba de mi suegra. Pensaba en lo mucho que le gustaría estar compartiendo esa alegría con ellas dos. Por ello, no dudaba en enviarle fotos con la intención de levantarle el ánimo. Esa tarde no fue una excepción.

Al llegar a casa, mientras me preparaba para ir a jugar al fútbol sala, me encontré con un abrazo de Marta que no esperaba. Aproveché para agradecerle el tiempo que me dio esa mañana para reflexionar.

"Cuando necesites tiempo o simplemente no quieras hacer algo, dilo de buenas maneras y no habrá nada de qué preocuparse", aclaró.

Esa tarde aprendí varias lecciones. Entendí que la falta de comunicación podría convertirse en un problema importante. Tenía que mejorar en ese aspecto pero todavía no conocía la manera de hacerlo. Lo segundo fue que debía prestar atención a mis emociones y hacer lo que realmente me apeteciera. Siendo honesto conmigo mismo, los demás no tenían por qué molestarse. Incluso es posible que te respeten y te quieran todavía más. También asumí que no importaba lo mal que estuviera una situación porque podía mejorar en un santiamén. Lo curioso es que ese cambio parecía depender solamente de mí mismo y no de las circunstancias.

Me sentía de maravilla. Aquella tarde en el partido de fútbol sala, todos los compañeros me felicitaron por mi rendimiento.

Ten paciencia

El viernes 31 de enero de 2014 me dirigí cansado a mi cuarta sesión con María debido al esfuerzo físico del día anterior en el partido. Aun así, estaba contento sobre todo por haber aclarado ciertas cosas con Marta.

La comunicación fue el tema de inicio de la sesión. Ahondamos en la necesidad de expresar lo que uno necesita; de poder decir "no" para adentrarse en uno mismo sin sentir culpabilidad por ello; de pedir las cosas de forma sosegada obteniendo así mejores resultados. Para María, que ya nos conocía bastante a ambos, estaba claro que Marta y yo llevábamos ritmos muy distintos. Lejos de pensar en incompatibilidades insalvables entre nosotros, para ella todo era cuestión de respeto mutuo.

La mañana pasaba de forma relajada lo cual yo agradecía enormemente. El cansancio de toda la extraña semana se había acumulado en mi cuerpo. Lo que nadie me dijo es que aquel inicio apacible era solo un aperitivo a modo de calentamiento con respecto a lo que estaba a punto de suceder.

María se incorporó de repente y me invitó cordialmente a hacer lo mismo. Observé que agarraba dos cojines. Entendí que la tregua había finalizado. "Yo seré tu madre y tú harás de ti mismo", anunció.

Respiramos profundamente para concentrarnos y estar atentos a las sensaciones corporales.

Siempre me sentí cómodo a la hora de mirar a mi madre a la cara. Pasó poco tiempo hasta que noté que para ella no era lo mismo. No podía. Miraba hacia el lado donde había un tercer cojín tirado en el suelo, sin girar la cabeza hacia mí en ningún momento. Mi madre estaba ausente.

¿Hacia quién dirige su mirada? ¿Para quién está permanentemente alerta?

Al cabo de un rato de no entender nada, María me dio una pista: "Tu madre todavía no está para ti. Sigue mirando hacia tu padre. Tiene algo que solucionar primero con él".

Me pidió que asumiera el papel de mi padre. En ese momento, ambos ancestros se encontraban frente a frente. Me fijé que ella hacía intentos por mantenerme la mirada pero le costaba muchísimo. No tardó en decir que sentía miedo.

Decidió tumbarse boca arriba. Me quedé de pie metido en la piel de mi padre. Sin tiempo para asimilarlo, la situación experimentada la semana anterior se desplegaba de nuevo ante mí. El simple hecho de pensar en revivir aquella intensa experiencia de dolor y frustración me daba pánico. A pesar de ello, ese era el único camino disponible en aquel instante por lo que tenía que tomarlo sin discusión.

Permanecimos en esa posición un pequeño intervalo de tiempo hasta que me confesó que necesitaba que le dijera algo. Recuerdo la sensación de querer sentarme a su lado para estar más cerca de ella. Me preguntó si podía cogerle la mano. Noté que yo quería hacerlo, así que lo hice.

Por algún motivo, ese día sentía fluir más claramente las emociones en mi interior. Quería hacerle ver —mi padre— que estaba arrepentido. Deseaba mostrarle que, por fin, la veía como lo que realmente era: un ángel; un ser fabuloso que descendió hasta el mismísimo infierno para dar la vida por mí. Quería decirle todo eso pero parecía que las palabras se enredaban en mi garganta para evitar ser pronunciadas.

Ella sentía que se ahogaba. Tosió varias veces. Con determinación, María afirmó que eso fue lo que mi madre sintió aquel día. Cada descripción de su angustia suponía un martillazo en mi cabeza.

Logró recuperar la compostura por lo que aprovechó para decirle a mi padre que necesitaba oír que la quería. Me fue imposible articular semejante frase. La tensión emocional empezaba a hacer mella en mí. Regresaban el cansancio y la sensación de pesadez. La parte positiva es que notaba claramente la necesidad de mostrar cierto afecto hacia ella. Quería darle un motivo para pensar que no todo fue en vano.

Una intensa lucha entre el asesino demente y la persona comprensiva que convivían en mi padre estaba teniendo lugar en mi cabeza. Aquel enfrentamiento dolía. Cerré los ojos apretando con fuerza los párpados. Comencé a tomar aire profundamente. Tuve que mantener la respiración por el fragor de la batalla en mi mente. Una voz me decía que todo aquello era un ilegítimo intento de reconciliación. Otra me hacía ver la necesidad vital de pasar por ello. Al soltar el aire retenido, logré articular la siguiente frase: "Lo siento; siento mucho lo que te he hecho. Ahora sé lo que eras para mí".

María se me quedó mirando. Suspiró y dijo que le sentaba bien —a mi madre— oír eso. Dejó que me calmara durante unos segundos antes de dar un pasito más. Entonces, me preguntó si podía —mi padre— decirle que ella tenía un hueco en su corazón.

Quería decírselo pero esa frase me sabía a poco. Sentía que ella tenía mucho más que solo "un hueco". Apreté los dientes, cerré los ojos, y después de varios sollozos, pude pronunciar: "Tú eras mi corazón".

Se hizo el silencio. Aquel mensaje sincero retumbó en las paredes de la habitación. El arrepentimiento y las lágrimas se convirtieron en protagonistas de la escena.

Esas palabras parecían reconfortarla. Estaba mucho más tranquila. Me pidió dulcemente que me tumbara junto a ella. Al hacerlo, nos cogimos de la mano. En esa situación, experimenté paz. Sentí que estaba en el lugar que me correspondía, junto a la persona con la que deseaba estar en ese momento.

Sorprendente fue la sensación de sentir una total tranquilidad, a pesar de saber que me estaba muriendo. Era mi padre tras dispararse. Murió lentamente. Vio su calvario de vida pasar delante de sus ojos. Por primera vez en mucho tiempo, no sentía ni rabia, ni sufrimiento, ni frustración. Todo estaba hecho. El infierno en vida se terminaba. Por fin iba a poder descansar. Dejó de pensar en mi madre para centrarse en oír su propia respiración. Casi sin aliento, inspiraba para después quedarse ahí, en el final de la expiración, vaciándose de aire; despidiéndose del dolor; dejando ir la vida; muriendo...

María tuvo que levantarse poco después de que me tumbara a su lado. No podía estar ahí, no se sentía bien. Comenzó a buscar su sitio por toda la habitación. Anduvo perdida durante un buen rato. Dijo que le dolía el abdomen. Sintió unas enormes ganas de vomitar. Incluso pude oír un sonoro eructo.

Mientras ella intentaba dar respuesta a lo que estaba sintiendo, echó un vistazo hacia donde me encontraba tumbado. Yo estaba en un lugar maravilloso que no podía ver pero sí sentir. Todo parecía en su sitio, todo encajaba a la perfección. No había necesidad de ir a ningún lugar. Había llegado; estaba mejor que nunca; no quería irme de allí. Mi deseo era quedarme en ese espacio intermedio, morirme, descansar en paz.

María corrió en mi auxilio. Se apresuró a poner un recurso en forma de todo lo bueno que tenía en la vida como mi familia, mis amigos, etc. Estaba rescatando al niño, testigo de todo aquel drama. Aturdido, escuchaba sus palabras. Le advertí que todo eso no era suficiente, que necesitaba otra cosa. Hacía falta algo más.

"Lo tendrás; todavía no ha llegado pero vendrá. Por ahora, tienes que aferrarte a eso mientras se soluciona lo que estamos trabajando con tus padres. No es fácil, porque sigue siendo muy intenso. Poco a poco, vamos disminuyendo esa intensidad. Incluso llegaremos a no llorar mientras constelamos", comentó.

Una vez sentados, hablamos de la familia de mi padre, en concreto, sobre mi abuela paterna. También sobre ir a Cádiz, la ciudad a la que él siempre regresaba y poder entender así esa parte del libro de su vida.

Me dio un par de semanas de tregua hasta la siguiente cita puesto que había que dejar reposar lo trabajado. Según ella, el ritmo que llevábamos era "potente".

Las piezas del rompecabezas empezaban a encajar. De camino a casa, repasé mentalmente lo experimentado ese día. Asumí que mi madre estaba demasiado ocupada intentando sacar sola a mi padre de las tinieblas. Esa parecía ser su misión. Por esa razón, yo tendría que esperar un poco más.

Me vino a la mente la imagen que visualicé en el despacho de aquella primera psicóloga, diez años atrás: mi madre en primer plano con mi padre acurrucado durmiendo detrás. Llorando, me dirigí a ella mientras conducía:

"Mamá, ¿cuánto tiempo más he de esperar para recibir todo tu amor? ¿Acaso no he sido lo bastante paciente?".

La idea de ver a mi madre lidiando sola con mi padre por toda la eternidad me martirizaba. Entonces, tomé una decisión. Recordando su rostro siempre sonriente, dije en voz alta:

"No estás sola, mamá. Estoy aquí para ayudarte. Lo conseguiremos juntos. Sacaremos a papá de su pesadilla de una vez por todas. Ya vamos por el buen camino…"

Dale un gusto al cuerpo

Marta llevaba recibiendo piropos varios días. La gente le decía lo guapa que estaba y que últimamente sonreía más. Mientras me lo contaba, pensé que el esfuerzo que estaba haciendo para salir de aquel abismo empezaba a dar sus frutos. Sentía que, de alguna forma, el proceso de desenredar mi pasado influía directamente en las personas de mi entorno.

El sábado 1 de febrero me encontré con una grata sorpresa. Marta había reservado una habitación de hotel en un conocido balneario a unos treinta minutos de Murcia.

Comenzamos a prepararlo todo. Decidimos dejar a Sara con mi tía María Gloria. La mañana iba pasando y las maletas no estaban listas. Faltaba todavía por vestir a la niña por lo que empecé a impacientarme. Estaba deseando llegar al balneario. Cuando todo estaba listo, con los tres por fin dentro del coche, suspiré aliviado.

Todos los semáforos iban cambiando al rojo. Tuvimos que parar una y otra vez. El trayecto hasta la casa de mi tía se me hizo interminable. Para colmo, el hambre hizo su aparición en mi estómago. La irritación asomaba la cabeza.

Finalmente, conseguimos dejar a la niña y pusimos rumbo al hotel. Hacía bastante tiempo que no disfrutábamos de un viaje solos. Lejos de calmarme y gozar del trayecto con Marta, comencé a preocuparme por la hora a la que llegaríamos. Quería aprovechar hasta el último segundo de esa estancia. "Ojalá pudiera entrar en la habitación sin tener que pasar por el aparcamiento ni la recepción del hotel", pensé.

La última vez que visitamos aquel oasis en plena Sierra de Ricote fue en el 2008. Por esa razón, desconocíamos que existía un nuevo acceso al mismo. Lo que sucedió entonces fue que nos terminamos perdiendo. Aquello supuso alimentar mi rabia que crecía sin cesar esa mañana.

Perdimos veinte minutos dando vueltas por el centro de la localidad hasta encontrar la carretera que conducía al paraje donde está enclavado el balneario. Casi a punto de llegar, en un cruce, tomé la salida equivocada. Cuando me vine a dar cuenta del error, habíamos llegado a otro pueblo a unos cinco kilómetros del balneario.

—¡No me lo puedo creer!

Estaba completamente frustrado e iracundo. Marta aguantaba mi lenguaje chabacano con admirable estoicismo.

Dimos la vuelta hasta encontrar la ruta correcta. Aparcamos y nos dirigimos al hotel. En recepción, había dos parejas de ancianos que terminaron de colmar mi paciencia. Al cabo de diez eternos minutos, conseguimos la llave para acceder a la habitación. Una vez dentro de ella, descubrimos con resignación que nos faltaban los gorros de baño además de las chanclas. A pesar de contar con dinero de sobra para comprarlos, el hecho de tener que gastar más por habernos olvidado de ellos me ponía furioso.

Cada vez que acudía a uno de esos lugares húmedos, con gente bañándose semidesnuda, me daba por pensar en cosas desagradables. Me imaginaba una pésima calidad del agua debido a la orina de los niños, cabello humano flotando hasta pegarse en mi cara, hongos de todo tipo agarrándose a mis pies y virus provocándome un serio resfriado. Con todos aquellos nefastos pensamientos rondando mi cabeza, pasar un buen rato se convertía en una utopía.

Entramos en el recinto de las piscinas. Había tanta gente que no cabía un alfiler. Todos los espacios de disfrute estaban atestados. Ese fin de semana coincidieron allí varios viajes programados de personas jubiladas.

Cuando vi a toda esa gente en albornoz luchando por entrar en cada una de las zonas de esparcimiento, pensaba que me iba a dar algo. Permanecí quieto unos segundos sin poder creer lo que estaba pasando. Me planteé volver al hotel y esperar a otro momento del día para bañarme pero ya era demasiado tarde. La recepcionista había tomado el tique de acceso a esa área. Detrás de mí se concentró una marabunta que me empujaba hacia delante. Marta ya había entrado y estaba buscando una percha donde colgar nuestros albornoces. En ese instante solamente tenía dos opciones: montar el espectáculo sacando la fiera que llevaba dentro o intentar disfrutar. Fue entonces cuando me rendí y me dejé llevar.

Paré de pensar en los inconvenientes que habían surgido durante la mañana. Pronto me sorprendí a mí mismo yendo de un lado para otro. Me dejaba hacer por los chorros de agua, unas veces calientes y otros fríos. Sentí calma al hacer el muerto en la piscina de flotación de agua salada, sumergiendo mis oídos para disminuir el ruido de fondo. Relajé todos los músculos en las hamacas de infrarrojos. Por último, me dirigí a la piscina de limones.

Se trataba de un recinto con una piscina que contaba con un sistema de burbujas y cascada de aguas termales. Sobre la superficie flotaban decenas de limones que conferían al espacio un aroma maravilloso y genuino. Me metí en el agua sin dudar. La mezcla de sensaciones corporales era algo fascinante y novedoso para mí: el roce del suave oleaje provocado por las corrientes de agua templada; la embriagadora y familiar fragancia de los cítricos; el sugerente color amarillo del limón; el sonido cautivador de la cascada cayendo dulcemente para mezclarse con el resto de gotas de la piscina...

Cuando de pronto comencé a reír a carcajadas soltando esporádicos gritos de júbilo, Marta me miró entre avergonzada y asombrada.

El motivo de aquel deleite repentino era que estaba sintiendo totalmente el cuerpo: casi todos los sentidos funcionando a la vez para proporcionarme un inesperado placer. Parecía que fuésemos cosas distintas unidas en una especie de simbiosis. Por un lado estaba él, mi cuerpo, agradecido por haberle regalado ese momento tras años de intenso castigo fustigándolo por medio del estrés, la ansiedad, las quejas, la comida rápida, las noches en vela o las discusiones. Por otro, una porción de mi auténtico YO disfrutaba sin complejos de una fabulosa experiencia gracias a él, gracias al cuerpo.

Me sentía vivo, poderoso, exultante. Quería que aquella sensación de bienestar durara para siempre. ¡Estaba haciendo las paces con mi cuerpo! Volví a notar como el protagonismo asfixiante del paso del tiempo cedía su puesto a un libertador AHORA.

Cambiar de aires sin pensar; dejar atrás la tediosa rutina aunque solamente sea por unos días; ofrecer placer sin reparos al vilipendiado cuerpo; hacer algo gratificante casi olvidado o totalmente novedoso para uno mismo. Esa experiencia me estaba enseñando el verdadero significado de la frase "dar un gusto al cuerpo".

Reconoce que no sabes

El domingo 2 de febrero regresamos del balneario anulando la comida que teníamos reservada. Decidimos comer en casa de mi tía para recoger a Sara lo antes posible. La echábamos de menos. Allí nos encontramos con mi hermana y su hijo Víctor que jugaba con su prima.

En aquel tiempo, la educación que mi hermana y mi cuñado le daban a su hijo difería bastante de la que nosotros aportábamos a nuestra hija. Por ello, cada vez que mi hermana hacía o decía algo que no encajaba en mi esquema educativo, saltaban las alarmas en mi cabeza. Pese a la contención inicial, terminé enturbiando el ambiente al soltar un sarcasmo detrás de otro.

Después de comer sentí sueño, por lo que no dejaba de pensar en dormir una siesta. En lugar de irme a la cama, aguanté la sobremesa por cortesía hasta que decidimos marcharnos a casa.

Justo antes de irnos, los niños no dejaban de hacer el burro. Se lanzaban palabrotas repitiendo todo lo que veían en los dibujos de la tele. En una de esas, oí a Sara decir "te voy a partir la cara".

En mi mente escuché una vez más el clic que me transformaba en otra persona. La manera de castigar en aquellos días era dejar que el niño pensara en un rincón solitario sobre lo que había hecho "mal". El objetivo de semejante práctica era que el menor sintiera el peso de toda la culpa cayendo sobre él, se arrepintiera de sus actos y pidiera perdón. Así que cogí a Sara de ambos brazos, la levanté en peso y la senté en un sillón para que pensara. Al hacerlo, se dio un golpecito en la cabeza. Comenzó a llorar desconsoladamente. No me di cuenta del coscorrón, así que pensé que era una rabieta. Mi posición de padre me obligaba a permanecer firme ante lo que para mí estaba siendo un chantaje en toda regla. Delante de los demás, debía mantener la figura autoritaria o podrían pensar que no era capaz de educar a mi hija.

Entonces, Marta me hizo ver que Sara se había golpeado. ¡No podía creer lo torpe e inútil que había sido! Me enfurecí todavía más. La ira me hizo arrojar al suelo la mochila que llevaba en los hombros y me encerré en un dormitorio.

¿Qué me ha pasado? ¿Por qué me comporto de la misma forma irascible que antes? ¿Cómo he podido actuar así después del fin de semana de relajación en el balneario? ¿Acaso no he avanzado nada en todo este tiempo? ¿Hasta cuándo tendré que seguir soportándome?

El mundo volvió a caer sobre mí. De nuevo, sentía que lo había estropeado todo. Nada parecía haber cambiado. El conflicto me acompañaba allí donde iba como una sombra acechante. La terapia, las respuestas que empezaban a llegar o las nuevas experiencias que estaba viviendo se me antojaban inútiles. La sensación que tenía era de haberlo intentado todo. Había puesto mi alma en ello. Aun así, parecía no ser suficiente. Regresaron la angustia, la desorientación y la incertidumbre. Hundido en aquella habitación oscura, clamé:

"¡¿Qué más tengo que hacer?!".

Toma acción y confía

Martes 4 de febrero de 2014. Ese es el día en el que tuvo lugar la RESURRECCIÓN.

Por la mañana, Marta andaba haciendo recados por el centro y Sara estaba en el colegio por lo que, una vez más, me encontraba solo en casa. Normalmente, eso era lo ideal, ya que me permitía continuar con el trabajo interior. Sin embargo, en mi cabeza únicamente existía el recuerdo amargo de lo vivido en casa de mi tía dos días antes. ¡Encima quedaban un par de semanas para mi próxima sesión con María!

Estaba perdido, sin saber qué hacer, sentado en el sofá del salón en silencio y mirando al infinito. Justo entonces, como un rayo en mitad de la noche, surgió un recuerdo: varios días antes Dani me envió el enlace a un vídeo[2]. Me comentó que mientras lo veía se acordó de mí por lo que quiso compartirlo conmigo. Estaba a pocos minutos de entender el porqué.

Hice clic en el enlace. Una mujer con traje oscuro sobre un escenario introdujo a un tal Dr. Wayne W. Dyer. Era la primera vez que oía hablar de ese hombre. Decía tener setenta y tres años, parecía rapado por completo y llevaba puesta una gorra azul marino. Se dispuso a dar una conferencia sentado en un negro sillón orejero.

Empezó con un chiste que captó la atención de todos los presentes, incluida la mía. Conforme hablaba, notaba que me hacía sentir muy bien. Por alguna razón, sintonicé con casi todo el mensaje de aquel hombre. A pesar de que había

---

[2] *Dr Wayne Dyer More Words Of Wisdom From The Father Of Motivation* https://www.youtube.com/watch?v=_PdtsjV40fw

varias cosas que no llegaba a entender, seguía escuchándolo con avidez.

En un momento dado empezó a contar su historia. Relató una experiencia personal con un familiar muy cercano. De pronto, aquellas palabras produjeron una especie de chispazo en mi interior. Noté cómo un pensamiento se originó en mi mente y liberó una emoción que, de forma automática, desencadenó el sentimiento más potente que había sentido jamás. Las lágrimas brotaban como un torrente acompañadas de sollozos. Algo que había estado en mi interior durante muchísimo tiempo estaba saliendo a la luz y despidiéndose para siempre. El espacio vacío que dejaba fue llenado por aquel sentimiento. El pecho empezó a hincharse durante unos segundos. Me faltaba el aire y me costaba respirar.

Cuando todo parecía haber terminado, me quedé quieto, sentado en el sofá. Estaba tranquilo, calmado y totalmente relajado. Al acabar el video, tenía la sensación de que el mensaje de ese hombre se había introducido literalmente dentro de mí. La señal había llegado.

Tras unos segundos en completo silencio, inspiré profundamente, me incorporé y me puse en marcha. Sabía lo que tenía que hacer. Cualquier rastro de duda desapareció.

Me vestí con unos vaqueros y un jersey bajo el abrigo marrón. Cogí las llaves del coche y me puse en camino. Al encender la radio, sonó un CD con preciosas canciones de cuna para Sara que mi hermana me había prestado. En ese momento, sentía que todas estaban siendo interpretadas para mí. No dejé de llorar durante todo el trayecto. Cada nota, cada palabra de aquellas canciones, se metía en lo más profundo de mi corazón. De alguna manera, mi hermana me acompañaba en ese viaje.

Cuatro kilómetros después, casi había llegado. Circulaba por la N-301 cuando, a unos trescientos metros de mi destino, un cartel me recordaba la dirección a seguir. Al hacer el giro, observé otras indicaciones ubicadas exactamente en el mismo lugar que la anterior. Las palabras que pude leer en ellas me hicieron aminorar la velocidad por un instante. El primer cartel decía algo así como "Quiero vivir en...". El siguiente hablaba de "Armonía". En otros dos carteles distintos aparecía un mismo nombre: "Santiago". Por último, una placa aumentaba mi sensación de estar regresando conforme avanzaba: "Carril Palmeral"[3].

Comprobé que podía llegar en coche hasta el final del trayecto, así que me dispuse a atravesar la puerta principal del Cementerio Municipal Nuestro Padre Jesús. Ni que decir tiene que, a mis treinta y cinco años, podían contarse con los dedos de una mano las veces que había ido de forma voluntaria a ese silencioso emplazamiento.

Una vez dentro, parecía como si el tiempo se fuera deteniendo poco a poco. Fui reduciendo paulatinamente la velocidad. No tenía ni idea de cómo encontrarla. Contaba solo con vagos recuerdos de la última vez que estuve allí cuando la miré de soslayo al pasar cerca, casi veinte años atrás.

Escogí una calle al azar tras seguir algunas indicaciones que iban apareciendo. La vía de único sentido por la que circulaba era muy estrecha. Los bordillos impedían girar y te obligaban a continuar hacia delante. Cipreses famélicos a ambos lados

---

[3] La vivienda de mis padres está ubicada en otro carril de casi idéntico nombre.

de la calzada de único sentido aumentaban la sensación de túnel. Todo ello parecía anunciar algo: no hay vuelta atrás.

Nunca olvidaré lo que sentí en ese momento: un FERVIENTE DESEO de que lo que iba a hacer realmente supusiera un antes y un después en mi vida. No se trataba de una esperanza sino algo mucho más poderoso. Deseaba con todo mi corazón un cambio total. Estaba pidiendo a gritos que sucediera algo aunque no sabía qué.

Pocos metros más adelante llegué a una de las pequeñas rotondas del interior de aquel enorme lugar y tomé la segunda salida. Intenté ubicarme rastreando en mis recuerdos de niñez. Entonces divisé a lo lejos el bloque comunitario de tumbas. Me dirigí hacia allí hasta que aparqué junto a él, echando una mirada de reojo por si la veía.

Eran las doce del mediodía. El sol, como toda la semana anterior, permanecía oculto tras varias capas de nubes amenazantes. Me bajé del coche muy despacio. Me coloqué justo delante de la construcción rectangular repleta de sepulturas ordenadas por filas y columnas. Permanecí de pie, con las piernas ligeramente abiertas cual vaquero de las películas del Oeste a punto de batirse en duelo.

Busqué su nombre con cierta ansiedad. Movía mi cabeza despacio, mirando de un lado a otro. Entonces, la vi. Resultó que no tuve ni que mover un pie. Allí donde me había situado tras bajarme del coche, exactamente delante de mí, con el número treinta y seis sobre ella, abajo en la primera fila, pude reconocer la negra lápida rectangular de la tumba de mi padre.

3

EXPERIMENTAR
EL CAMBIO

El momento de la Verdad

Permanecí quieto. Miré la tumba durante unos cuantos segundos. Finalmente, leí el epitafio:

SANTIAGO BERNAL MUÑOZ

15-2-1991

A LOS 41 AÑOS

SUS HIJOS, PADRES Y HERMANOS

"¿'Sus hijos'? ¿Cómo que 'sus hijos'?", gruñí.

Cuando acabé de leer, empecé a notar algo conocido: cólera.

Tenía la mirada clavada en la lápida de aquel maltratador, homicida y suicida. El ritmo de mi respiración aumentaba; el corazón se me aceleró; cada uno de los músculos de mi cuerpo entró en tensión; los puños se cerraron; el abdomen se endurecía por momentos; tenía la mandíbula apretada cual perro de presa; el vello se me erizó. Pude reconocer cada una de aquellas sensaciones corporales. No en vano, las había experimentado durante veintitrés años cuando algo me recordaba su existencia. Mi cuerpo entero clamaba venganza. Todo estaba preparado para la gran batalla.

Pero entonces ocurrió algo insólito. Una parte de mí, desaparecida hasta ese preciso instante, tomó el mando e hizo detener todas aquellas señales de ataque de forma inmediata. En ese momento, mi mente quedó apaciguada por un pensamiento: "No estás aquí para sentir rabia".

Aquello fue como despertar súbitamente de una tenebrosa pesadilla. Comencé a entender que era la oportunidad que había estado esperando tanto tiempo. Lo notaba. Pude sentir el cansancio de tener que vivir en un conflicto permanente.

En un instante, cualquier resquicio de ira desapareció y con ella, toda la tensión en mi cuerpo. Solo entonces comprendí, que el fin de la lucha, había llegado.

"¿Quién soy yo para juzgarte?", exclamé en voz baja con la mirada fija en su tumba, recordando haber escuchado esas palabras en aquel video minutos antes.

Desde ese momento, me abandoné a todo lo que tuviese que ocurrir sin oponer resistencia alguna. Respiré profundamente, contemplando al ser humano que sufrió lo indecible hasta su muerte, sumido en tinieblas toda la vida incapaz de encontrar una solución. Fue entonces cuando recordé la sesión con María en la que tuve que ponerme en la piel de mi padre cuando todo ocurrió. Las lágrimas junto con la siguiente frase brotaron de repente:

"Cinco segundos de luz... Cuarenta y un años de oscuridad y solo cinco segundos de luz".

Un sentimiento arrollador me envolvió por completo. Las palabras difícilmente alcanzan a describir lo que pude sentir. Era una especie de total COMPRENSIÓN y absoluta EMPATÍA. Parecía como si yo mismo fuera aquel sentimiento saliendo a la luz. Solamente hay una palabra que puede acercarse a lo que experimenté en ese momento. Esa palabra es COMPASIÓN.

No podía dejar de llorar. Las fuerzas me fallaban. Me senté frente a él con las piernas cruzadas, a unos treinta centímetros de distancia. Cerca, muy cerca. Tanto que pude ver sobre las letras de su nombre la suciedad que mostraba los años de soledad sin que nadie se acercara para limpiarlas, sin sentir la presencia de un ser querido. Nadie. Las lágrimas salían de mis ojos como un río cayendo en cascada.

En la lápida, a la derecha de la inscripción, había una escultura metálica de Jesús de Nazaret clavado en la cruz, tan llena de polvo como el mismo epitafio. Tenía la cabeza coronada con espinas y caída hacia delante, como mirando al suelo casi desmayado. La observé y musité:

"Parece que a ti tampoco te han lavado en años, ¿verdad?".

Sin energía para levantarme y nada que poder usar a mi alrededor, eché mano de lo único con lo que contaba en ese instante. Lentamente, fui recogiendo cada una de mis propias lágrimas con el dedo índice de la mano derecha para dejarlas caer sobre la cabeza del Cristo crucificado y así poder lavarlo.

Más lágrimas para limpiar todas y cada una de las letras del nombre de mi padre. Con la primera lágrima delineé las curvas de la letra S; despacio, ayudé a la segunda a subir a mi dedo para trazar la letra A; con dóciles movimientos, de abajo hacia arriba y de izquierda a derecha, repasé la N. Después, esbocé la letra T que me recordó a la señal de la cruz. No tenía ninguna prisa. Todas y cada una de ellas las sentía tatuadas en mi corazón. En todos los sentidos, limpiar su nombre era limpiar el mío.

Mientras todo eso hacía, la distancia entre ambos se reducía a simple recuerdo. La sangrante herida que nos separaba, abierta durante tanto tiempo, iba cicatrizando a una velocidad vertiginosa. Ahí fue cuando me embargó una sensación de total UNIDAD.

Lloré como jamás había llorado. Lloré más y más, hasta quedarme vacío. Sin poder respirar de la emoción, tuve que apretar los dientes y cerrar los ojos. Al cabo de unos segundos, tomé aire, alcé la mirada y lo llamé:

"Padre…"

Tras una breve pausa, logré articular el mensaje que realmente traía para él: "No estás solo".

Romper con sus años de amargo silencio; recordar al olvidado; sortear su sensación de total incomprensión; hacer pedazos la etiqueta de "excluido"; introducir un rayito de luz en el abismo fabricado por la culpabilidad; paliar su sufrimiento; liberarlo de pensamientos funestos; redimirlo del macabro pasado; mostrarle sin tapujos que siento todo lo que él siente; proporcionarle eterna ayuda; exponerle el sitio exacto donde está ubicado en mi corazón; expresarle la firme decisión del hijo de honrar a su padre; declararle mi AMOR INCONDICIONAL. Todo eso iba implícito en aquellas tres palabras.

Con cada uno de esos deseos, podía sentir como iba destruyendo la imaginaria cruz que durante veintitrés años fui lentamente fabricando para él. Conforme lo hacía, cada versión del concepto de mí mismo que había diseñado para encajar en esta "realidad" iba deshaciéndose cual madero convertido en cenizas por el fuego. El mundo que había estado imaginando se desvanecía a cada segundo como una escultura de arena bañada por el agua del mar. Todo lo que pensaba que sabía resultaba inútil; nada de lo que *yo* creía ser era. Exclusivamente quedó en mí un vacío sereno y silencioso.

Comenzó entonces un extraño momento que solamente puedo describir como UN INSTANTE DE PERFECTA COMUNICACIÓN. De buenas a primeras, me encontré hablando con mi padre. Lo notaba transformado, feliz, enérgico, vivo. Sus silenciosas preguntas llegaban a mí con nitidez. Le respondía gustosamente, a veces musitando y otras en silencio. No había sensación de distancia entre ambos o entre pregunta y respuesta. Todo se desarrollaba simultáneamente. Aunque parecía que mi padre ya sabía las respuestas a sus propias preguntas, yo podía sentir su afectuoso deseo de escucharme. Le contaba cosas sobre Sara y sobre Marta. Él me preguntaba tanto por ellas dos como por mi hermana Pilar, por su marido, sus hijos, así como por su propia suegra, la yaya Carmela:

—¿Cómo está?

—Bien, pero quizá no lo entienda, papá. Hablarás con ella cuando llegue el momento.

Cariñosamente, le dije a mi padre que necesitaba levantarme puesto que la pierna derecha se me había dormido. Justo entonces, mientras me incorporaba, empezó a salir el sol por primera vez en todo el día. Sentía el calor de los rayos en mi espalda. Miré su tumba sin saber cuánto tiempo había pasado ni cuándo tenía que marcharme. Perdí por completo la noción del tiempo.

Después de aquella conversación, me embargó una sensación de bienestar total. ¡Estaba con mi padre! Tras veintitrés años sin verlo y treinta y cinco casi sin sentirlo, por fin estaba realmente con él, charlando con mi padre. Una energía de PODER absoluto, de LIBERTAD, de SERENIDAD se apoderó de mí. De pronto me vi respirando profundamente intentando controlar mi pecho que no paraba de expandirse. Era como si me fuese a explotar. Tuve que abrir la boca del susto porque parecía que me iba a ahogar.

¿Qué me está pasando?

Cuando todo aquello remitió, me calmé y cerré los ojos. En ese preciso instante, allí de pie, delante de la tumba iluminada de mi padre, con mi cuerpo relajado, completamente erguido, con el apoyo tras de mí de los cálidos rayos del SOL y sintiendo una inmensa PAZ, sucedió...

Sobre un manto de anaranjada oscuridad, surgió una especie de nube de partículas de luz. Su color oscilaba entre el blanco, el dorado y el naranja, éste último mucho más brillante que aquel del fondo. Parecía tener vida propia, desplazándose de un lado a otro. Aparecía y desaparecía sin un orden reconocible. Realmente no me percaté de su presencia hasta unos segundos después. Empecé a prestarle atención al caer en la cuenta de la enorme belleza que se desplegaba ante mí. Me parecía algo fabuloso aunque no tenía ni idea de lo que podía ser. "¿Acaso es un efecto óptico?", pensaba. Entonces recordé las sesiones con María; reconocí esa nube como el telonero de las visiones y curiosas imágenes que aparecían allí.

Mi estado no varió un ápice. Seguía de pie, con los ojos cerrados y la tranquilidad era completa. El sol seguía proporcionándome el calor idóneo así que todo parecía perfecto para continuar disfrutando de aquel curioso y fascinante espectáculo. En esas estaba, cuando de la peculiar nube comenzaron a brotar esporádicos destellos de luz brillante formando un contorno. Aparecía durante unos dos o tres segundos para luego desaparecer fundiéndose con las partículas de luz de la nube. En una de esas intermitentes ocasiones, el contorno adquirió volumen además de una sobrecogedora nitidez.

¿Qué estoy viendo? ¿Es eso lo que creo que es? ¿Eso es un riñón?

Una cabeza humana en tres dimensiones, transparente, a modo de cráneo lleno de vacío, vino después. La LUZ seguía siendo el material con el que se dibujaban esas imágenes. En el caso de esa cabeza, el contorno se iba dibujando a modo de trazo fino de color blanco, similar a cuando te muestran una placa de rayos x. La perspectiva desde la que veía todo lo que surgía cambiaba con cada destello. A veces era desde una altura superior a la imagen y a su izquierda; otras, por la derecha y a la altura de la frente de esa "cabeza".

Todo eran colores rojos, anaranjados, amarillentos, blancos, brillantes sobre un fondo vacío y oscuro creando así el contraste ideal para cada escena.

Después vino de manera similar la visión de una caja torácica con las costillas de un ser humano de pie, también con el aspecto de placa de rayos x de la imagen anterior. Estaba recreándome con esa parte del cuerpo cuando, de pronto y sin previo aviso, entré en un conducto. Era algo así como un túnel. Tal vez debido a las imágenes que estaba viendo, tuve la sensación de que era algún vaso sanguíneo. Me acordé de inmediato de los que aparecían en los documentales de anatomía. Era como estar dentro de uno. Viajé a gran velocidad por él durante unos cuantos segundos.

¿Es esto mi interior?

Desconcertado, casi empezaba a asimilar que estaba viendo partes del cuerpo humano, cuando entonces, apareció...

Era precioso, imponente y complejísimo. Aparecía y desaparecía permitiendo ser contemplado en plena acción durante unos maravillosos segundos. Pude verlo como flotando en ese espacio indefinido donde se generaban todas las anteriores imágenes y desde una posición superior a él. Mi punto de vista, aunque variaba, siempre estaba a la distancia exacta para contemplarlo en su totalidad. Convencido de lo que veía, intenté enfocar más. Entonces pude observarlo el tiempo suficiente para llenarme de éxtasis apreciando detalles asombrosos. Nunca antes lo había visto tan claramente. Ahí estaba, como delante de mí ¡y en perfecto funcionamiento! Robusto, fuerte y vigoroso. Era la visión de un corazón.

No pude dejar de llorar por un rato. Cuando abrí los ojos, vi el nombre de mi padre y sonreí sorprendido. Estaba maravillado por haber tenido semejante experiencia. Comprendí que él también lo había visto todo. Habíamos compartido ese instante divino. Sin ningún género de dudas y pese a mi desconocimiento de formas, dimensiones y peculiaridades de las distintas partes de la anatomía humana, aquellas imágenes eran exactamente lo que parecían: miembros, huesos y órganos internos sanos de un etéreo cuerpo humano funcionando en perfectas condiciones.

Sentí la necesidad de volver a cerrar los ojos. Supongo que por efecto óptico, pude ver la lápida de la tumba de mi padre como una única figura de luz amarillenta y rectangular con mi sombra centrada y reflejada en ella, todo sobre un fondo oscuro. Pero entonces, ese rectángulo empezó a crecer. Mi sombra desapareció de la imagen y todo se convirtió en una especie de "puerta" gigante. Recuerdo haber sentido que le decía en voz alta "déjame entrar" pero no fue así, ya que solo lo pensé. Se trataba de una insólita forma de comunicación capaz de establecer conexión con algo desconocido para mí.

Justo después de "pronunciar" esa humilde pero fervorosa petición, sentí que me adentraba por aquella puerta luminosa que se iba haciendo más y más grande hasta que lo abarcó todo. Empezó entonces un viaje a través de otro tipo de túnel idéntico a uno de esos agujeros de gusano de las películas de ciencia ficción cuando viajan a la velocidad de la luz. La sensación de velocidad era espectacular. Había giros a derecha e izquierda, arriba y abajo. Era un viaje a no sé dónde pero a mí me parecía una invitación de mi padre a seguir sintiendo, descubriendo un mundo nuevo.

¿Qué pasó en tu vida? ¿Qué había en Cádiz?

Tras unos cuantos segundos, el viaje se detuvo sin previo aviso y volvieron las imágenes. Partículas diminutas de luz parecían unirse rápidamente para conformar una escena. Vi una especie de plaza muy iluminada, el arranque de los muros de una iglesia blanca o pintada de amarillo, con un zócalo de piedra blanco marfil de un metro y poco de altura.

¿Qué es eso? ¿Para qué veo esto? ¿Qué significa?

Mi cuerpo estaba completamente agotado. Tuve que abrir los ojos. Estaba extasiado por lo que me había sucedido. Sin embargo, era demasiado para un solo día. ¡Qué digo un día! ¡Para media mañana!

Miré hacia la lápida por última vez y respiré profundamente. Le dije a mi padre que se viniera conmigo, que tenía un lugar enorme en mi corazón. Poco después me recosté en el asiento del conductor y dejé que el SOL me bañara.

Sentía tanta PAZ, tanta CALMA, que casi me quedo dormido. Tenía la certeza de que todo lo sucedido en mi vida había sido así por una razón: llegar a vivir ese momento. Un PLAN SUPERIOR se había desarrollado perfectamente para que yo estuviese ahí ese día. Desaparecieron preocupaciones, miedos y prisas. Resultó que encontré aquello que no sabía que estaba buscando. Tuve la sensación de haber llegado donde siempre quise estar. Me sentía en CASA.

Un encargado del cementerio se acercó en su vehículo. Las palabras que pronunció, aún resuenan dentro de mí:

"Señor, tiene usted que marcharse. El cementerio está cerrado".

La transición

Al tercer día del acontecimiento del cementerio reanudé la escritura. No recuerdo casi nada de lo que ocurrió en esos tres días ni tampoco por qué no lo apunté en mi diario tal y como llevaba haciendo durante un mes.

El sentimiento de GRATITUD por haber tenido semejante vivencia me acompañaba cada día. A veces era tan potente que me hacía llorar. A él se le sumaba un enorme JÚBILO por estar vivo. Sentía que había despertado tras haber estado soñando que vivía una pesadilla.

Aunque todo parecía tener el mismo aspecto, el mundo entero había cambiado.

Recuperé el entusiasmo por escuchar música.

Mi sensibilidad estaba a flor de piel. Por ello, comencé a ser consciente de aspectos que antes pasaban desapercibidos para mí, como por ejemplo, el nocivo potencial inherente a quejas y disputas relacionadas ambas siempre con temas del pasado o previsiones de futuro.

Conocía muy de cerca todo el ambiente de continua protesta puesto que yo había formado parte de él hasta entonces. Solía unirme a cualquier conversación donde fuese necesario tomar partido por uno u otro bando, buscando culpables sobre los que derramar mi frustración. Aunque no pronunciase palabra, mis pensamientos se iban posicionando a favor o en contra. Sin embargo, ahora observaba con resignación cómo esas congregaciones de lamentos no hacían más que perjudicar a todos aquellos que formaban voluntariamente parte de ellas. Veía cómo sus cuerpos emitían todo tipo de señales físicas: tensión muscular, sudor, salivación excesiva, tics nerviosos, gestos, etc. Todas esas indicaciones terminaban siendo vanos intentos de alertar sobre la futilidad de embarcarse en nada que no tuviera que ver con el momento presente. Mi mente había pasado de "qué razón tienen en quejarse por semejante injusticia" a "¿para qué insisten en hacerse eso a sí mismos?".

La razón era que había aparecido ante mí una maravillosa alternativa a todo aquel aparente "lado oscuro" de la VIDA. Mi interés radicaba en entrar de lleno en ese nuevo mundo de LUZ. Todo era una cuestión de ahorrar tiempo y energía para disfrutar de la BELLEZA que brotaba por todas partes. El único objetivo era seguir explorando mi interior para conservar ese didáctico estado de PAZ. Haciéndolo, sentía que ya estaba ayudando. Aun así, no veía el momento de poder compartir con cualquier persona las bondades de aquel estado.

Es por ello que familiares y amigos dejaron de ostentar el protagonismo. No se trataba de que ya no me importaran ¡Todo lo contrario! El renovado amor que sentía por ellos me empujaba a hacerlo extensible. Si algo me quedó de aquella luminosa experiencia en el cementerio, fue que todos los seres humanos, sin excepción, éramos capaces de entrar en ese mundo de CALMA y LIBERTAD, ya que todos teníamos un CORAZÓN, auténtica puerta de acceso al mismo. Por ello, la distancia entre conocidos y extraños desapareció. La exclusión cedió su puesto a la inclusión. "Ellos" se transformó en "nosotros".

Ese sentimiento de UNIDAD y FRATERNIDAD me hacía recordar a menudo a figuras históricas como Jesús de Nazaret, Buda Gautama y muchos otros. Fue entonces cuando comencé a sentir un profundo e inusitado respeto por aquellos grandes seres humanos así como una total comunión con su mensaje, pese a no recordar las palabras de unos y no conocer bien a los otros. De hecho, hubo un periodo en el que llegué a pensar que alguno de ellos se había reencarnado en mí. "¿Me habré vuelto loco del todo?", me preguntaba. El caso es que sentía que ese tesoro que albergaban en su interior era el mismo que estaba en nosotros. Pese a que me costaba encontrar la forma adecuada de explicarlo, tenía la certeza de que todos teníamos el mismo potencial.

Lo anterior trajo consigo una consecuencia directa: la completa abstención de usar la visión dualista que me había acompañado durante toda la vida. Esta me hacía etiquetarlo todo como "bueno" o "malo", "justo" o "injusto", "correcto" o "incorrecto", etc. ¿Cómo podría seguir pensando de esa manera después de haber experimentado aquella especie de "instante cuántico" que mi padre me regaló?

En aquel momento, solamente tenía confianza plena en dos personas para poder hablar en estos términos. Una de ellas era Marta, que vivió todo el proceso de cambio y se convirtió todavía más en mi confidente. Comprendí lo difícil que tuvo que ser para ella aguantar a una persona en mi anterior estado de total desconocimiento. Empecé a ver con claridad que Marta había sido como un ángel caído del cielo que me ayudó a salir de las tinieblas. Entonces, recordé aquella anécdota en la playa de Santiago de la Ribera, poco tiempo después de conocernos.

Nos estábamos bañando en el Mar Menor junto con José Antonio, un amigo mío de la infancia, cuando una mujer de unos cincuenta y tantos se acercó. Sin previo aviso y mirando a Marta, empezó a exclamar: "¡Madre mía, es un ángel! ¡Quienquiera que sea su pareja que no la deje escapar! Qué maravilla... ¡Es un ángel!". Tal y como vino aquella mujer, se marchó.

En instantes como ese, la alegría y la gratitud por lo que me estaba pasando reaparecían para expandir mi pecho y llenar mis ojos de lágrimas. Cada vez que me sucedía, un nuevo espectáculo de la nube resplandeciente de luz tenía lugar.

Pese a todo lo anterior, la relación entre Marta y yo empezó a cambiar.

Dejé de analizar cada detalle al milímetro a la hora de tomar decisiones. Cualquier plan me parecía perfecto. Abandoné el hábito de dar mi opinión o mostrar preferencia sobre cualquier cosa o situación. Era más divertido dejarse llevar para descubrir qué sorpresa me estaba esperando.

Los detalles que cada día albergaba parecían infinitos. Me dedicaba a contemplar todo lo que se manifestaba delante de mí con los ojos llenos de asombro e inocencia de un niño. Inéditos matices brotaban de cualquier parte en forma de colores, sonidos, números o relaciones. El mundo exterior que creía conocer adquirió una especie de dimensión simbólica que lo hacía parecer "vivo". Personas, vehículos, carteles publicitarios, árboles, animales, muebles, edificios, nubes, flores, fotografías, juguetes, películas, anuncios de televisión... Todo parecía contener un abstracto mensaje esperando ser revelado. Para conseguirlo, tenía que permanecer atento y olvidarme de antiguos prejuicios o creencias sobre lo que estaba observando. La clave parecía estar en mirar con la intención de encontrar. Esta curiosa práctica me propiciaba un disfrute permanente, al tiempo que hacía desaparecer el término "cotidiano" de mi diccionario.

Hacer planes de futuro dejó de tener sentido. El presente lo era todo. Una frase se asentó en mi mente: NO TENGO QUE HACER NADA. Esa sensación de libertad me acompañaba siempre. El sacrificio cedió ante el empuje de la redescubierta INOCENCIA. Nada había que demostrar. Dejó de ser necesario emplear el enorme esfuerzo de antes en cada cosa que surgía. Todo era ya como tenía que ser. Todo fluía suavemente. No interferir, esa era la cuestión.

Empezaba a hacerse patente que aquellos cambios modificarían la naturaleza de todas mis relaciones y con ello mi vida entera.

La otra persona de total confianza era mi querido amigo Dani. Nuestra historia es de esas que a uno le gusta contar.

Cumplidos los nueve años de edad mi monitor, Javier, me animó a hacer una prueba en un club de la ciudad. Una vez allí el entrenador, Enrique, decidió que jugara un set de prueba en la pista número uno con un tal Daniel, un chaval mayor que yo por un mes. Aquel muchacho tenía pinta de auténtico serafín: rubio, de pelo rizado y ojos azules. Poseía un desparpajo abrumador. La contienda no pudo estar más igualada.

Desde el día en que nos conocimos, nuestros caminos iban a cruzarse en contadas pero esenciales ocasiones.

La tarde que murieron mis padres, cuando me propusieron llamar a un amigo, sin dudarlo ni un segundo lo elegí a él para que nos acompañara esa noche a mi hermana y a mí.

Desde entonces, además de entrenar en el mismo grupo, solíamos hacer por acudir juntos a los torneos. Fue su familia multilingüe la que afianzó mi interés por los idiomas y la comunicación entre personas de diferentes culturas.

En la etapa del instituto, mi exagerada timidez imposibilitaba cualquier acercamiento a las chicas por mi parte. Una tarde después de clase, Dani y yo coincidimos en el autobús número once camino de Espinardo. Durante el trayecto, insistió hasta convencerme de que había una chica interesada por mí. Aquello derivó en mi primera relación sentimental adolescente.

Pasaron más de quince años hasta que en el 2010, en plena crisis económica y justo después de nacer Sara, nos volvimos a encontrar. Hacía más de un año que había finalizado mi primera participación como arquitecto en un estudio de la Calle Paz en La Alberca. Los gastos superaban ampliamente nuestros ingresos. Dani seguía relacionado con el mundo del tenis y el pádel, así que me ofreció su ayuda para formarme como monitor de ambos deportes. Gracias a eso estaba preparado cuando un tiempo más tarde me llegaron ofertas de trabajo de dos instalaciones deportivas distintas.

Él fue la primera persona que me habló abiertamente del corazón el primer día del 2014 en aquella videoconferencia desde Londres. De él salieron, pocos días después, las únicas palabras de afecto hacia mi padre que yo había escuchado. También fue él quien me envió el enlace al vídeo donde el Dr. Wayne W. Dyer me inspiró para ir al cementerio.

Así pues, cada vez que entraba en escena Daniel Dios —ese es su apellido—, la vida parecía mostrar su lado más dulce...

> Llevaba puesto un abrigo gris marengo de tres cuartos que le otorgaba un aire elegante. Estaba de pie en el centro de la Plaza Santo Domingo. Más de ocho meses habían pasado desde que lo visitamos en Londres por última vez. A unos veinte metros de llegar a su posición, se

dio la vuelta y nuestras miradas se cruzaron. Acudió a mi encuentro y nos fundimos en un abrazo fraternal. En ese instante se agolparon todos los momentos del proceso que había tenido que pasar hasta ese día. El recuerdo de lo experimentado cuatro días antes frente a la tumba de mi padre, hizo que se me saltaran las lágrimas.

No podía esperar para compartir con él lo afortunado que me sentía. Sabía que me iba a entender. Mientras buscábamos un lugar donde tomar un café, le fui relatando concisamente algunos detalles del proceso vivido. A la altura de la fachada de la catedral de Murcia, encarando la Calle Apóstoles, llegué al momento cumbre. Aunque todavía necesitaba guardarme lo que vi aquella mañana, intenté hablarle sobre algo así como una especie de avanzada tecnología existente en el ser humano.

Le dije cosas como que ahora sabía que todos tenemos cruces en forma de "equis" en el corazón que simbolizan personas a quienes hemos rechazado por algún motivo y que, sin embargo, tienen la llave para abrir la puerta a un nuevo mundo lleno de revitalizante paz.

Una vez dentro del bar, le confesé que por algún motivo, sentía que compartía un mensaje milenario basado en la compasión que está presente en todos nosotros; que dependía de cada ser humano el poder disfrutar de un sublime estado de libertad y júbilo. Únicamente había que desear con firmeza ese cambio y prestar atención a una voz interior que procedía de un lugar específico: nuestro corazón.

Después de escucharme con atención, su reacción fue la siguiente:

"Amigo mío, déjame que te envíe algo que seguro disfrutarás...".

Curiosamente, Dani tuvo que pasar por un proceso similar al mío un tiempo antes por lo que nada de lo que le contaba solía importunarlo. Al contrario, la sintonía entre nosotros era estupenda. Esto era así porque, por fin, ambos utilizábamos el mismo instrumento de comunicación: el lenguaje del corazón.

Con el resto de personas notaba dificultad incluso para establecer contacto, debido precisamente a la imposibilidad de usar dicho lenguaje con fluidez. Cuando conversaba con la gente, era como si estuviésemos hablando separados por un ruidoso río que impedía un correcto entendimiento.

"¿Realmente merece la pena intentar explicar lo que siento?", me preguntaba una y otra vez.

A veces, la duda generada por este inconveniente comunicativo junto con el creciente deseo de compartir, sacaban de mí respuestas un tanto impetuosas hacia los demás. Me di cuenta de que esto podría provocar la creación de una brecha aún mayor entre emisor y receptor. Basándome en la experiencia con mi padre, intuía que dicha distancia invisible era la causa de la sensación de separación entre las personas. Anulando una, desaparecería la otra. Fue entonces cuando reconocí el papel crucial que jugaba la COMUNICACIÓN a la hora de

COMPARTIR mi experiencia. En ese momento, no había nada más importante que quisiera hacer, ya que entendía que podría ayudar a alguien con ello.

A pesar del equilibrio que pude sentir en esos primeros días, el simple hecho de pensar en utilizar el tiempo para algo distinto a realizar la tarea antes mencionada, permitía crear un resquicio en mi mente que era aprovechado por la ansiedad para colarse dentro. Esto provocaba la aparición de una pregunta: ¿Cuál es el siguiente paso?

Por algún maravilloso motivo, esos momentos de confusión y duda solían ir acompañados de inmediatas respuestas en forma de nuevos impulsos o coincidencias que arrojaban luz sobre ellos.

En lugares insospechados y sin previo aviso aparecían personas, libros, vídeos o cualquier otra cosa que me ayudaba a salir rápidamente del estado dubitativo poniendo nombre a todo lo que me estaba sucediendo.

En esta nueva etapa surgieron términos que, a pesar de su marcado carácter abstracto, entraron a formar parte de mi renovado vocabulario. El primero de esos conceptos era la INTUICIÓN. Reconocí su rostro en aquellos "impulsos" o "corazonadas" que venían mostrándose claramente desde la Navidad anterior. Ahora brotaban con mucha mayor asiduidad. Por méritos propios, se habían convertido en una especie de brújula interna, un magnífico mecanismo que nunca fallaba. Siempre te guiaba hacia el lugar exacto donde tenías que ir. Al percatarme de que procedía del corazón, me sorprendió comprobar la relación entre la escasa atención que le prestaba antes y las decisiones fatídicas que tomé en el pasado, la mayoría basadas en un concienzudo cavilar previo.

"Si me hubiese dejado llevar más por ti, me habría ahorrado muchísimo sufrimiento", recapacité.

Al permitir a la intuición orientar mis pasos, tuve la oportunidad de experimentar el verdadero poder de la SORPRESA. Usaba mi tiempo libre para visitar a todo tipo de personas. La vacilación inicial del sorprendido cambiaba rápidamente hacia el agradecimiento por el detalle de REGALAR mi tiempo. Esto propiciaba encuentros que facilitaban conversaciones sinceras donde poder usar el lenguaje del corazón. Al hacerlo, pude comprobar cómo mi aprendizaje se aceleraba vertiginosamente a través del contacto directo con otros. Experimentar una sola de aquellas conversaciones "a corazón abierto" equivalía a leer una biblioteca entera. Eran oportunidades únicas para compartir aquello que sentía y poder practicar el arte de ESCUCHAR. Cuando todo ello sucedía, notaba como la naturaleza de la propia relación se transformaba y nosotros con ella.

Otro de esos conceptos abstractos era la SINCRONICIDAD. ¡Menuda sorpresa me llevé al comprobar que se trataba de esas magníficas casualidades de las que venía disfrutando durante todo el proceso de cambio! Una de las características que me fascinaron de ella era la habilidad que tenía de suceder en el momento adecuado, justo cuando más lo necesitaba. Por ello, la sensación al encontrarme con una de esas sincronicidades seguía siendo de auténtica satisfacción.

Era evidente que ya había experimentado ambos conceptos antes de aquel "despertar" aunque nunca les doté de ningún tipo de credibilidad. No obstante, el aspecto más llamativo era el crecimiento exponencial del número de veces que aparecían desde la mañana del cementerio. A ese aumento radical se le sumaba mi total disposición a seguir sus pautas sin la menor dilación. Al hacerlo, podía sentir SERENIDAD y PLACIDEZ. Comenzaba a ser consciente de los beneficios de mantener plena confianza en la vida. Además, empecé a apreciar en mi cuerpo los efectos de las sensaciones antes mencionadas.

Atrás quedó la ingesta diaria de dos o más sobres de ibuprofeno para paliar los insoportables dolores producidos por migrañas interminables que desaparecieron por completo. Dejé de tomar pastillas para el dolor provocado por la artrosis que venía sufriendo en ambas rodillas desde que retomé el tenis en el 2010 y que, simplemente, se esfumó. Me liberé de los dolores de espalda ocasionados por las continuas lumbalgias. Ni rastro del estreñimiento crónico y las hemorroides asociadas al mismo que me hicieron tomar medicamentos, dieta blanda y ponerme enemas desde los trece años. Los problemas gastrointestinales como ardores, acidez, pesadez y malestar estomacal dejaron de ser una preocupación puesto que no volvieron a aparecer. Ello motivó el abandono de todo tipo de protectores de estómago y medicamentos con bicarbonato sódico. La tensión en la mandíbula, que me hacía dormir con una prótesis en los dientes, fue disminuyendo progresivamente hasta librarme de ella. El insomnio provocado por el continuo estrés, así como la ingesta semanal de cápsulas con bromazepam, se convirtieron en un recuerdo lejano. La persistente dermatitis seborreica que me acompañó desde la adolescencia terminó disipándose. La desesperante fatiga, casi diaria, fue sustituida por una energía renovada. El hábito de tener que tomar estimulantes como el té o el café dejó de tener sentido, así que lo abandoné. Los complejos vitamínicos que tomaba cada mañana con el desayuno resultaron innecesarios.

Todo lo anterior provocó la aparición de un desbordante interés por la SALUD. La documentación necesaria para saciar aquella insólita sed de información provino, casi en su totalidad, de la biblioteca personal de mi suegro Bruno. Pasaba las horas devorando libros y descubriendo detalles desconocidos por mí hasta entonces sobre la capacidad del ser humano de "enfermarse" y curarse a sí mismo. Intuía que la mente, con todos sus pensamientos asociados y dirigida por el corazón, jugaba un papel crucial en todo ello. A diferencia de cuando leía con el objetivo de encontrar una verdad que parecía oculta, ahora se trataba de disfrutar con la aclaración, por parte de varios maestros, sobre las respuestas correctas de un examen previamente aprobado.

La mañana del martes 11 de febrero recibí un mensaje de Dani en el móvil. Se trataba de información sobre el libro *La Matriz Divina* escrito por un tal Gregg Braden.

Eminentes científicos relacionados con la física cuántica, célebres estudiosos del universo así como filósofos y grandes poetas eran citados por el autor para intentar demostrar la existencia de dicha "matriz". Según Gregg, esta era una especie de "campo de energía" que lo conectaba todo, accesible a través de cierta tecnología interna basada en el lenguaje de las emociones.

Lo que captó más mi atención fue la descripción de los resultados de dos experimentos que tenían al ADN humano como protagonista. Ambos fueron llevados a cabo en la década de los noventa del pasado siglo.

El primero de ellos fue dirigido por científicos rusos. En él se demostraba la influencia directa del ADN humano sobre la organización en el vacío de los fotones de luz, el material con el que "todo está hecho". El segundo fue realizado por investigadores que formaban parte de una institución norteamericana especializada en el estudio del corazón. Esta vez, el experimento revelaba la influencia de nuestras emociones sobre el propio ADN, poniendo de manifiesto que sentir miedo o amor hace que nuestro ADN se enrolle o se desenrolle. Todo ello sacaba a la luz la relación directa de emociones y sentimientos no solamente con la salud sino también con nuestra capacidad de modificar la "realidad".

Una vez más se produjo la expansión de mi pecho. Una cascada de lágrimas cubriendo mi rostro le siguió. Ambas reacciones eran indicadores de que estaba recibiendo la información que necesitaba para empezar a poner en palabras lo que tuve la fortuna de recibir una semana antes.

A punto de acabar de ojear toda esa información, surgió en ella una palabra que bastó para establecer el vínculo definitivo entre lo que Gregg contaba con enorme lucidez y lo experimentado frente a la tumba de mi ancestro: COMPASIÓN.

Perdía la noción del tiempo abordando temas hasta entonces repudiados por mí. La hora de la comida se pasaba pero no sentía hambre. Las ganas de comer se suavizaron situándose en un segundo plano. Algo muy parecido sucedió con el deseo sexual. Este dejó de ser prioridad en cualquier situación, tanto a la hora de abordarlo con Marta como de sacar el tema de conversación. Para mi sorpresa, no sentía necesidad fisiológica de nutrirme o de mantener relaciones sexuales para sentirme pleno. No obstante, el rendimiento físico no solo parecía intacto sino mejorado. Ello era debido a que mi cuerpo había dejado de parecer un estorbo para revelarse como lo que siempre fue: el más fiel siervo de mis pensamientos y sentimientos. Sus señales, en forma de enfermedad, traumatismos o dolores varios, desaparecían en cuanto el mensaje de cambio que traían era debidamente escuchado.

Incrementar de forma espontánea el tiempo que empleaba en tomar el sol, desde el primer día de esta etapa de transición, contribuyó sin duda a experimentar los anteriores cambios. La sensación de relajación al sentarme en el muro exterior de casa, junto a la higuera, con los ojos cerrados y mirando hacia el SOL era adictiva. No solo eso, también supuso un aliciente el hecho de comprobar que cuanto más relajado estaba y más agradecido me sentía más rápidamente venían imágenes similares a las del episodio frente a la tumba de mi padre. Mientras saludaba a los vecinos sin cambiar de postura, brotaban sin previo aviso ondas formadas por partículas de colores brillantes, contornos de seres con aspecto humano, vórtices de diversos colores en movimiento, infinitos planos paralelos formados por intrincadas redes de filamentos flotando en un oscuro vacío, luminosas columnas giratorias que conectaban ambos planos, etc. Todo ello hecho de majestuosa LUZ y una inspiradora BELLEZA que no cesaba de deleitarme.

La mañana siguiente al suceso del cementerio, me encontraba solo en casa. Aunque estaba de buen humor, no dejaba de dar vueltas sin saber muy bien qué hacer. Entonces reconocí uno de esos impulsos que solía ponerme en movimiento. Me hizo coger el coche y conducir sin rumbo fijo. Pocos minutos después, me percaté de que había estado dirigiéndome, de forma casi automática, a casa de mi tía María Gloria.

¿Qué puede haber hoy aquí para mí?

Abrió la puerta principal. Tras saludarnos, mi tía se marchó a la cocina donde estaba haciendo la comida y me adentré en el salón.

Cuando lo vi a contraluz, me acerqué despacio. Pude reconocer lo que era por el tamaño y la forma pero no se veía nada más. Estaba solo, encima de la mesa. Su reflejo aparecía en el cristal de la misma. Me senté a un lado sabiendo que eso era lo que me había llevado aquella mañana a ir a casa de mi tía. Tras un rato observándolo con ternura, maravillado por cómo se me estaban dando a conocer las cosas, lo cogí en mis manos. La portada era de color naranja. El título, en hermosas letras rojas, rezaba así: *Esto dice el corazón*.

Comencé a leer bellos poemas e historias sobre visiones de fabulosos paisajes y seres espirituales llenos de sensibilidad. Llamé a mi tía sin poder despegar la mirada de aquel enigmático libro. Ella no solía leer ese tipo de cosas por lo que le hice varias preguntas sobre él. Me contó que recibió la visita de su amiga

Encarnación que trajo ese libro con ella esa misma mañana. Esta no dudó en prestárselo, ya que la autora, una tal Mari Carmen, era una amiga común. "Este libro está aquí de milagro", comentó mi tía.

Le pregunté acerca de la autora. Resultó ser una antigua vecina suya que llegó a conocer a mis padres. Ese dato fue suficiente. Entendí que, por algún motivo, tenía que visitar a aquella mujer.

Unos días después, en la víspera del aniversario de la muerte de mis padres, me dirigí al club de tenis donde varios meses antes había dado mi última clase. Mientras iba conduciendo, dudé por un momento sobre la necesidad de reencontrarme con personas con las que compartí aquella etapa por considerarlo agua pasada.

Aparqué y anduve hasta la puerta principal. Todo parecía cerrado a cal y canto por lo que me di una vuelta por los alrededores intentando ver el interior. Buscaba a alguien para que me abriese.

No había ni un alma. La imagen del club era desoladora. Las pistas, donde durante varios años había compartido mi anterior pasión por el tenis y la competición, estaban completamente abandonadas. Aquella parte de mi pasado estaba siendo desmantelada.

Permanecí allí de pie durante un breve periodo de tiempo y regresé al aparcamiento. Me metí en el coche sin saber qué hacer ni adónde ir. Las obligaciones laborales de los demás me dejaban poco margen para hacer visitas matinales. Entonces me vino a la mente aquel libro que estaba en el salón de la casa de mi tía. Decidí ir a conocer a su autora. Sentía que era el momento.

Resultó sencillo averiguar la urbanización donde vivía puesto que era conocida. Recordaba vagamente el piso de Encarna, la amiga de mi tía que le prestó el libro aquella mañana y que resultó ser vecina de la autora. No tuve problemas para aparcar. Pronto me vi ante la puerta de acceso al recinto comunitario que estaba cerrada. Había pasado mucho tiempo desde la última visita que hice a ese lugar por lo que no recordaba ni la escalera ni el piso concreto donde vivía.

Entonces imaginé entrar sin problemas al recinto y subir las escaleras hasta llegar a la puerta de la casa de la autora. A los dos segundos de tener aquel pensamiento, una mujer se acercó por mi izquierda para abrir el portón exterior de la urbanización. Decidí seguirla cautelosamente. Abrió la puerta del bloque primero, cuyo portal reconocí al instante. Era como si aquella mujer hubiera salido de la nada para ir abriéndome todas las puertas que hicieran falta.

No sé por qué pero acudí directamente al piso cuarto. Llamé a una de las dos puertas del rellano pero nadie contestó. Sentí la presencia de alguien y pensé en decir en voz alta: "Mari Carmen, estoy aquí por tu libro". Sin embargo, permanecí callado. Un tanto desanimado, decidí hacerle una visita a la amiga de mi tía que vivía un piso más arriba.

Encarna iba en pijama y en bata. Nos saludamos, me invitó a pasar a la cocina donde le expliqué el verdadero motivo por el que estaba en el edificio y empezamos a conversar. Tardó poco en mencionar el hecho de que, una vez más, estaba sola en casa haciendo las tareas del hogar. La conversación se centró en su familia: divorcios, desempleo, malos salarios, enfermedades varias, etc.

Intenté cambiar de tema porque delante de mí, ahí y en ese momento, solamente estaba ella. Me percaté de que, realmente, no la conocía. Le pregunté por sus aficiones, por sus inquietudes, por sus sueños. "Nada. Lo único que he hecho es limpiar una escalera durante más de veinticinco años. Aquella de allí enfrente", contestó.

Intenté animarla a rememorar alguna de sus antiguas ilusiones. No pudo recordar ninguno de sus anhelos. Siempre terminaba diciendo que daba igual lo que ella sintiera porque "nunca habría encontrado el apoyo necesario para materializarlo". Acabé preguntando qué sentía por no haber experimentado ese apoyo. En milésimas de segundo, obtuve su potente respuesta: "¡Fatal!".

Daba la sensación de que había estado esperando aquella pregunta durante bastante tiempo. Pude sentir la tristeza en su corazón. Durante varios segundos, la miré mientras permanecía de pie, apoyada en la encimera, completamente desganada y con la mirada perdida en las losetas del suelo. Parecía como si todo lo conseguido en su vida hubiera dejado de ser un incentivo para continuar el camino.

Varias eran las preguntas que se agolpaban en mi mente:

¿Por qué no intenta cambiar su situación? ¿Qué la mantiene enredada en aquella especie de telaraña emocional?

Recapacité sobre la fuerza de la costumbre, la tendencia a ceñirnos a lo conocido por temor a lo desconocido, la predisposición a evitar el cambio, a perpetuar todo eso que restringe nuestra libertad y coarta la creatividad. En una situación así, parece más cómodo buscar un culpable a quien echar en cara nuestra supuesta falta de coraje para ser nosotros mismos que ponernos manos a la obra y cambiar el rumbo. Pensé en la cantidad de vidas que entran en el círculo vicioso de la culpabilidad y el sacrificio. Ni que decir tiene que la mía era una de ellas.

A pesar de todo lo anterior y a sus setenta y tres años, Encarna disfrutaba de una energía desbordante, algo que siempre había captado mi atención. Era como si estuviese aguardando para vivir su vida.

En ese momento llegó José, su marido. Los ochenta años que dijo su mujer que ya tenía saltaban a la vista: pelo blanco, leves temblores en las manos, movimientos lentos y dificultad para andar. Sin embargo, nada más verme dijo: "¡Hombre, pero si es el 'te da cuén'!". Se refería a un día en su casa de Mazarrón, cuando con catorce años, yo no dejaba de imitar esa frase de un famoso humorista de los noventa. Debido a mi timidez, la pronunciaba en voz baja cada vez que alguien finalizaba un comentario. José oía un sonido pero no sabía qué era ni de dónde venía. Una de las veces se acercó a mí con sigilo y descubrió que era yo el que lo emitía. Le causó tanta gracia que, más de veinte años después, todavía me conoce por aquello.

Me ofreció un bocadillo de atún con olivas que yo acepté a la segunda. Me preguntó a qué me dedicaba. Como si de un acto reflejo se tratara, me señalé el pecho y le contesté que trabajaba "ahí dentro, con mi corazón". Evidentemente, no podía entender a qué me refería. Cuando intenté explicarme mejor noté que era como hablar un idioma distinto.

De pronto y sin venir a cuento, se pusieron a discutir. Aprovechaban cualquier nimiedad para enzarzarse. Lo chocante era que ambos llevaban razón pero parecía que no se escuchaban el uno al otro. Cada discusión terminaba en cabreo seguido de un incómodo silencio. Sentí que tenía que irme. Les di las gracias y me dirigí a la puerta principal.

En el vestíbulo de entrada, a punto de marcharme, José me preguntó señalando su pecho:

—Pero ¿qué querías decir con eso de trabajar "aquí dentro"?

Me llamó la atención que aquel genial hombre se interesara por la frase que yo había pronunciado con mayor honestidad. Lo miré gratamente sorprendido pero no pude contestarle de inmediato. Me vi en una situación que todavía no sabía resolver. Entonces, giré la cabeza y me di cuenta de que su salón estaba presidido por un cuadro enorme con *La Última Cena* de Jesús de Nazaret como tema del mismo:

—Puedes preguntárselo al que tienes en esa pintura —contesté señalando al cuadro.

Bajando las escaleras, una parte de mí se preguntaba por qué le había dicho eso, ya que seguramente habría dejado molesto al hombre. Sin embargo, casi al mismo tiempo, podía sentir otra parte de mí que aclaraba: "Todo está escrito. No volverás a esa casa en bastante tiempo por lo que le has recordado el camino a seguir para obtener la respuesta, siempre que él decida buscarla. Por eso lo has hecho. Ahora, sigue adelante".

Decidí marcharme a casa, cuando oí una puerta abriéndose tras de mí. Encarna me instaba a volver a llamar al timbre de Mari Carmen. Entendí aquello como otra señal y así lo hice. Esta vez, alguien contestó desde dentro:

—¿Quién es?

—Soy Santiago; estoy aquí por su libro *Esto dice el corazón*. Quizá me conozca por mi tía María Gloria, antigua vecina suya.

Estuve esperando alguna respuesta durante varios segundos. De pronto, la puerta se abrió. Apareció una mujer de unos sesenta y pico años, de pelo canoso, con gafas de pasta color azul oscuro y una bata azul turquesa.

—¿Eres el sobrino de María Gloria? Pero entonces, tú eres...

—Soy hijo de Teresa.

Al pronunciar el nombre de mi madre, el rostro de aquella mujer se iluminó; abrió los brazos para recibirme y lloró. Mientras nos abrazábamos, ambos con lágrimas en los ojos, me iba susurrando al oído: "Tu madre era una joya, un ser excepcional. ¡Qué alegría verte!

He pedido saber de tu hermana y de ti muchas veces y aquí estás, ¡en mi puerta!".

Cogidos de la mano, me acompañó al salón de su casa. Al terminar de contarle cómo su libro me había llamado aquella mañana, no dudó en decirme: "Ese libro lo puso tu madre ahí para ti".

Le hice varias preguntas acerca de las visiones que aparecen en su libro. Deseaba explorar ese nuevo mundo al que había tenido la fortuna de acceder. Por suerte, aquella mujer hablaba el lenguaje del corazón con soltura y entusiasmo. Prácticamente al final de la conversación, sentí que dijo una de las cosas que ese día había ido a buscar allí:

"El perdón, hijo; eso hace que te liberes de una carga enorme y entres en un mundo nuevo. Te lo recomiendo. Ponlo en práctica. ¿Sabes lo que te quiero decir?".

Sus palabras me transportaron una vez más al instante del cambio. La gratitud, la dicha, el júbilo, la felicidad y la paz que sentí ese día volvieron a mí. Por ello, pude mirarla a los ojos y asentir.

No estaba preparado para lo que vino después. Tras un breve silencio y sin previo aviso, Mari Carmen me preguntó: "¿Has superado la muerte de tus padres?".

Estaba a punto de responder cuando, por primera vez, pude sentir un vacío extraño. Era algo que estaba conectado a la manera con la que, en ese momento, parte de mis lágrimas y el sudor de mi cuerpo me mostraban un mensaje contradictorio a lo que pensaba decirle. Creía que haber experimentado aquello con mi padre era la respuesta definitiva. Entonces, al intentar pronunciar la palabra "sí", me derrumbé y rompí en llanto.

El regalo

Era la mañana del viernes 21 de febrero de 2014.

Casi dormido, me dirigí a la habitación de Sara. Me acerqué a su cama intentando despertarla dulcemente para no asustarla. Pude sentir su respiración cuando le susurré al oído que ya era de día. Salió del sueño sin ningún problema. Comenzó a desperezarse al mismo tiempo que giraba su cabeza con lentitud hasta que contactó visualmente conmigo. De pronto, su cara se iluminó y abrió los ojos como platos pasando de la relajación absoluta a la alegría. En ese preciso instante, y con una seguridad pasmosa, dijo: "¡Papá, el hombre malo ya no va a ser malo! ¡Va a ser nuestro amigo! ¡Sí! ¡El hombre malo va a ser tu amigo y el mío!".

Me quedé estático sin saber qué hacer. Era la primera vez que Sara decía algo así nada más verme por la mañana. Ni un segundo pasó desde que me miró a los ojos hasta que pronunció aquella frase. Le pedí que se lo repitiese a su madre por lo que fuimos a buscarla al salón. Allí, delante de Marta, pronunció las mismas palabras. Para mí, todo eso era una prueba más de que el cambio parecía afianzarse. El día no pudo empezar mejor.

Había llegado el momento. Después de tres semanas desde la última vez que nos vimos, tenía que acudir de nuevo a terapia con María. Se me había olvidado por completo que, para el resto del mundo, yo aún estaba deprimido. Desde mi visita al cementerio, sentía que nunca lo había estado, que todo había sido una siniestra ilusión fabricada por una parte de mi mente y que tuve que deshacer.

El trayecto en coche duraba unos veinte minutos. Me gustaba la sensación de ir a un lugar donde podía sentir sin impedimentos, sin reservas. Eso me hacía conocerme mejor. Ahora sabía que todo ello funcionaba ya que estaba experimentando los resultados.

En esa ocasión acudía con ciertas dudas sobre la necesidad de seguir con la terapia después de haber vivido aquello con mi padre. Incluso dudaba si contárselo a María, ya que por una parte, podía estar bien hacerlo pero por otra, me apetecía comprobar si ella era capaz de apreciar ese cambio en mí en lugar de decírselo y tal vez condicionarla.

Aprovechando mi profesión de arquitecto, María me preguntó, durante uno de nuestros anteriores encuentros, ciertas cosas relativas al mantenimiento de la cubierta plana de su casa. Por ello, mientras llegaba a mi destino pensé que ella sacaría el tema de su tejado, así que me imaginé andando por encima del mismo.

Nos saludamos cordialmente con un abrazo. Cuando nos íbamos adentrando por la parcela hacia la vivienda, María me dijo: "He podido conseguir la escalera de un vecino para echarle un ojo a la cubierta. ¿Te importaría ayudarme cuando acabemos la sesión?".

La miré sonriendo al acordarme de lo que había estado pensando un par de minutos antes. Decidimos echarle un vistazo en ese momento. Revisé con agua de la manguera posibles fisuras, las pendientes y las bajantes. Después, nos dirigimos a la habitación para comenzar la sesión.

Nos sentamos uno frente al otro, cada uno en su sillón. Me preguntó cómo me sentía y le respondí que "muy bien". Por algún motivo, empezó a comentarme algo sobre *hacer el duelo* cuando uno de tus padres fallece. La escuchaba con atención y respeto a pesar de que sus palabras no tenían efecto en mí. La miraba relajado, como la persona a la que le cuentan el desarrollo de una película dramática sabedor del final de la misma. Era una sensación similar a la de ser un niño de vacaciones en la playa con todos los deberes de verano hechos. La serenidad que sentía era deliciosa. Comencé a notar una vez más que el tiempo era irrelevante. Estaba en aquella habitación pero no estaba a la vez. Mientras ella continuaba con su discurso, empezó...

En la parte superior izquierda, sobre su cabeza, apareció la sombra luminosa de la mujer que vi en nuestra primera sesión. Era el mismo contorno relleno de luz ámbar que divisé al final de la misma, cuando María me dio aquel cojín para soltar la rabia contenida hacia mi padre y luego en la pared, tras observarla haciendo las veces de mi madre. Como en aquella ocasión, se trataba de la figura de María en forma de "sombra de luz", de un color así como dorado. "No pasa nada; esto sí será un efecto óptico", pensé. Pero entonces, aquel "efecto" se dirigió hacia ella hasta fundirse con su contorno entero. Inmediatamente después, la misma luz dorada comenzó a sobresalir de su cuerpo en forma de una delgada capa continua, brillantísima y chisporroteante, de entre tres y cinco centímetros de espesor. Dibujaba todo el contorno de su cabeza hasta el cuello. Me vino al pensamiento la imagen de la Virgen y de los santos con ese "disco de luz" sobre sus cabezas. Era exactamente eso pero en movimiento, eléctrico, centelleante, vivo, precioso. Del cuello bajó hasta cubrir sus hombros sin solución de continuidad.

Estaba perplejo. Me pareció curioso y bellísimo a la vez. No salía de mi asombro. "¿Es eso a lo que llaman 'aura'?", cavilé.

Aquella luz seguía sobre María a quien miraba fijamente. Hacía como que la escuchaba, pero solo podía prestar atención a esa maravilla que se desplegaba delante de mí por primera vez en mi vida. Me sentía agradecido por tener la oportunidad de disfrutar de semejante espectáculo. Entonces, comencé a ver algo familiar. De la nada surgieron una especie de nubes de partículas de luz, todo el conjunto moviéndose en forma de onda. "¿No es eso lo que veo a veces con los ojos cerrados?", pensé. El color predominante era también el dorado pero mezclado con partículas de color verde y azul turquesa situadas en los límites de las mismas. Esas "ondas" o "nubes" aparecían por la izquierda y por la derecha siempre por encima de ella, casi a la altura del techo, haciendo como una especie de barrido. En escena, cada aparición de esas ondas duraba entre dos y cuatro segundos aunque el tiempo de exposición parecía ir en aumento. Las ondas pasaban delante de su rostro a modo de escáner transformando solamente su piel del color habitual a un tono amarillo apagado.

No sabía qué hacer. ¿Le digo algo?

Decidí seguir escuchándola sin interferir. Cuando acabó de hablar, motivado por un impulso, le planteé comenzar la constelación.

Elegimos cojines. Me tocó ponerme en el puesto de hijo y ella en el de mi madre. Nos concentramos durante un minuto en silencio antes de hablar. A ella —mi madre— le costaba mirarme pero decía que estaba más tranquila. El hecho de oír que mi propia madre todavía no podía atenderme seguía siendo duro además de todo un misterio.

Posteriormente, María ocupó el puesto de mi padre. Nada más acabar de "entrar" en él, dio un pequeño paso atrás. Dijo que sentía vergüenza.

—¿Cómo te encuentras?

—¡Bien! —respondí.

En verdad lo estaba. Me encontraba sereno al observar a cualquiera de mis padres. Les daba todo el tiempo que necesitaran. En mi interior, albergaba plena confianza, ternura y comprensión hacia ellos. Esto era así porque entendía que, delante de mí, estaba la versión sufridora de mis ancestros.

En un momento dado, ella —mi padre— se situó más cerca de mí —hijo—. En silencio, yo le hablaba con cariño. Al observarlo atemorizado, le decía que no se preocupara, que no había nada de lo que temer. Mi padre seguía sintiendo vergüenza por lo que no podía mirarme directamente a la cara.

Cambiamos los papeles. Pasé a ocupar el puesto de mi padre y ella haría de mí. Cuando la miré pude regresar al "momento de la Verdad" en que ambos, padre e hijo, estuvimos frente a frente. Fue entonces cuando mirándolo a los ojos, pensé una frase: "Estoy orgulloso de ti, hijo mío".

Una lágrima quería escaparse furtivamente y lo consiguió. Ella —hijo— lloró también y me preguntó si quería decir algo. Al ponerme —padre— en la piel de mi hijo, caí en la cuenta de todo lo que él hizo por mí, del valor para ir a visitarme aquella mañana y liberarnos a ambos. Entonces, una palabra brotó de mi corazón. Con vía libre avanzó hacia mis cuerdas vocales para, finalmente, terminar siendo pronunciada: GRACIAS.

Deseaba decirle lo orgulloso que estaba de él, consciente del esfuerzo titánico por superar un angustioso pasado; por pasar página sin condiciones y por seguir explorando sin miedo el nuevo mundo que se le aparecía ahora delante de sus propios ojos. Sin embargo, no dije nada.

Intercambiamos los puestos otra vez. María sería mi padre mientras que yo haría de mí mismo. Lo siguiente que escuché fue una frase explicando lo orgulloso que se sentía por el paso que había dado.

¿Acaso no era eso lo que había pensado segundos antes cuando era yo el que ocupaba el puesto de mi padre?

Sonreí sorprendido al tiempo que sus palabras llenaban mi corazón de DICHA. A continuación, me dijo que sentía ganas de abrazarme. Hizo el amago de abrir los brazos y no lo dudé. Con amplia sonrisa, le ofrecí mi corazón en forma de un abrazo enorme y prolongado. Duró más de un minuto, aunque el tiempo no importaba. En realidad, ese fue el primer y único abrazo "físico" que mi padre y yo nos habíamos dado.

Ambos lloramos lágrimas de alegría por el reencuentro, durante todo el tiempo que duró aquel abrazo. Cuando nos recuperamos, nos cogimos de las manos uno frente al otro. Yo miraba a mi padre con TERNURA, con AMOR y podía notar como él lo sentía. Volvimos a abrazarnos conscientes de la importancia de ese instante y de la necesidad mutua que teníamos el uno del otro. Con la cabeza sobre su hombro, sentí la necesidad de mirar hacia la zona donde supuestamente estaba mi madre porque quería incorporarla a ese momento divino. Ella era el nexo de unión entre ambos, pero por alguna razón, todavía no podía reunirse con nosotros...

La constelación acabó en ese punto. Volvimos a sentarnos en los sillones. María parecía sorprendida y contenta al mismo tiempo. Antes de citarme para tres semanas después, quiso concluir la sesión con un comentario. Para ella, lo que había pasado entre mi padre y yo esa mañana había sido "algo realmente potente". Entonces, me informó de que los grandes terapeutas creadores de nuevas teorías como Bert Hellinger, el hombre que desarrolló el concepto de las constelaciones familiares, tuvieron experiencias tan traumáticas y trágicas como la mía.

Cuando divisé en el horizonte la palabra "tragedia", recordé las maravillas que estaba experimentando gracias al estado de paz interior del que disfrutaba cada día desde el cuatro de febrero anterior. Por ello, me fue imposible evitar que surgieran, desde lo más profundo de mí, dos palabras a modo de puntualización que pronuncié con calma y certeza: "Un regalo".

Porque lo sucedido en 1991 se había transformado en eso: en un obsequio divino para todo aquel que quiera recibirlo; en la parte esencial de un admirable PLAN MAESTRO cuyo único objetivo es hacernos despertar del sueño de la vida y así convertirnos en valedores de nuestra intrínseca MAGNIFICENCIA.

La visión

El anhelo de conocerme más a fondo era enorme. Cada paso que daba en ese mundo de luz me llevaba a otro lugar donde aprender algo nuevo.

El día 6 de marzo al mediodía, mi hermana me propuso ir a un colegio británico ubicado entre Roldán y Balsicas, dirección San Javier. Allí se celebraba una pequeña feria del libro con cuentos en inglés y español. Durante el viaje de una media hora de duración, me preguntó qué tal me iba con "lo mío" refiriéndose al tema de la depresión. Aproveché la oportunidad para, entre otras cosas, hablarle de la tranquilidad al presenciar sincronicidades, las señales que te hablan del camino a seguir ayudándote a "regresar" al momento presente. También le comenté que estaba viviendo una especie de "etapa de experimentación y aprendizaje"; que sentía que iba a pasar a otra fase dentro de poco y que cuando lo hiciera, sucederían cosas extraordinarias y bellas. En esas palabras estaba impreso el deseo de conocer por completo el potencial de mi interior para algún día poder ponerlo al servicio de todos.

Entramos en el vestíbulo del centro docente. Estaba preguntándome qué se me había perdido allí cuando de repente, mi hermana me llamó diciendo: "¡Mira! ¿Es eso una señal?". Giré la cabeza hacia el lugar donde estaba indicando. Justo encima de la entrada al salón de la feria

de libros, se podía leer la siguiente frase de
Martin Luther King Jr.:

"Faith is taking the first step even when you
don't see the whole staircase".

("Fe es dar el primer paso incluso cuando no
ves toda la escalera".)

Aquella etapa realmente parecía una escalera cuyo final no
podía verse; ni siquiera el siguiente escalón estaba claro. Pese
a eso, sentía que dependía solamente de mí el avanzar por
ella. Estaba decidido a experimentar aquel estado de PAZ cada
segundo de cada día, ya que era sinónimo de VIDA. SENTIR era
el método.

Los días seguían pasando cargados de anécdotas que los
convertían en únicos e irrepetibles. Vivir era más sencillo
que antes puesto que no existía la presión de tener que tomar
decisiones. Lejos de rendir pleitesía a la pereza, se trataba más
bien de plena CONFIANZA en que los asuntos mundanos serían
abordados siguiendo las señales que la vida proporcionara.

Desde esa posición de CALMA, cada pieza del rompecabezas
parecía ir tomando su lugar. Las prisas se rindieron
definitivamente al SOSIEGO y al paso lento, lo cual me permitía
apreciar mejor los detalles de todo cuanto me rodeaba
extrayendo así su mensaje.

Un ejemplo de ello era la relación con mi hija. Dejé de educarla
de forma automática para observar su comportamiento más
detenidamente. Solía pensar que, como padre, era el que sabía
y el que debía educar a mi hija de la mejor manera posible.
Sin embargo, cada día Sara me demostraba que, en realidad,
se trataba de todo lo contrario. Su SABIDURÍA, como la de

cualquier niño de su edad, sobrepasaba con creces la mía. La razón era bien sencilla: su mente estaba totalmente liberada de interferencias como juicios, creencias y condicionantes externos de cualquier tipo —sociales, familiares, económicos...—. Así, era capaz de SINTONIZAR con la vida de una forma natural para dejarse guiar por ella. Mi hija era el maestro; yo, su alumno.

De esta manera, gracias a ella recordé la necesidad de entregar cada día toda mi energía en cada aventura que emprendía sin prestar atención a lo que viniera después. Me olvidaba del tiempo cuando estaba disfrutando. Evitaba darle demasiado crédito al pasado para prestarle toda mi atención al momento presente. Buscaba con ahínco todo aquello que me hiciese sentir bien. Me dejaba llevar por los cambios diciéndoles "sí". Comencé a pedirle a la vida todo lo que deseaba sin ponerme límites, esperando con total confianza la pronta materialización de mis deseos. Me acercaba a cualquier persona porque no existían los juicios. Todo el mundo merecía un momento de afecto y diversión. Compartía sin mirar con quién. Todos eran "mi familia".

El episodio de instantánea sintonía mental entre mis pensamientos y los de María, experimentado en la última sesión, se fue repitiendo con más personas. Ese parecía ser otro maravilloso efecto secundario de aquel estado de tranquilidad y confianza.

Los inquietantes momentos de ansiedad y duda continuaron apareciendo. Aunque la intensidad y la duración de los mismos se redujeron drásticamente, suponían un inconveniente para la conservación del estado interno deseado. Con la intención de eludir la incertidumbre con prontitud, solía utilizar dos estrategias que fueron ganando importancia con el tiempo.

La primera era TOMAR EL SOL: una porción de tiempo dedicado íntegramente a estar conmigo mismo. La RELAJACIÓN al recibir sus rayos energizantes, viendo como cada día aumentaba el número y la CLARIDAD de aquellas imágenes luminosas de BELLEZA sublime, provocaba que todo fluyera a mi alrededor.

En los momentos en que no podía tomar el sol, usaba la segunda forma de anclarme al presente: ESTAR ATENTO. Cuando lo hacía, la SINCRONICIDAD seguía acudiendo en mi auxilio con tal presteza que me llenaba de GRATITUD.

Otras veces, prestar atención implicaba poder reconocer el estímulo característico de la INTUICIÓN.

Aquel trabajo de autoconocimiento requería la totalidad de mi tiempo y mi energía. A esas alturas, estaba decidido a continuar subiendo aquella escalera luminosa sin importar cual fuese su final.

Llegó así el jueves 13 de marzo de 2014, fecha propuesta por María para seguir con las sesiones. Ese fue también el día del fin de la terapia.

Durante el trayecto, fui imaginando lo que iba a pasar. Pude verme haciéndole preguntas a María intentando conocerla mejor, siendo ella la que hablara esta vez en lugar de hacerlo yo. Me contaría experiencias suyas que tuviesen que ver con "sentir la vida" plenamente. También imaginé que continuaríamos la constelación abordando la relación con mi madre. Por último, visualicé cómo sacábamos el tema de acabar con la terapia.

A punto de encarar su calle, volví a leer el cartel donde publicitaban clases de aikido. Recordé haber leído algo sobre el concepto de "enemigo" en ese arte marcial. Al parecer, no existe. Los aikidokas utilizan a sus compañeros como espejo para aprender acerca de sí mismos. No se trata de derrotarlos o humillarlos, sino de responder a sus ataques de forma respetuosa y equilibrada. De hecho, lo que busca es que sus practicantes sean promotores de la paz.

Una vez en casa de María, entramos en la pequeña habitación orientada al este, nos sentamos en los sillones y comenzamos la sesión. Me preguntó cómo había ido todo en el tiempo transcurrido desde la última vez que nos vimos. Recordé el deleite por ver todas aquellas magníficas imágenes al tomar el sol, el éxtasis al reconocer una sincronicidad cuando más falta hace, el aprendizaje derivado de las conversaciones durante las visitas sorpresa, la tranquilidad que dominaba los días y muchas cosas más. Con todo eso en la mente, respiré hondo y dije: "Han sido tres semanas maravillosas".

Como si de un pistoletazo de salida se tratase, María comenzó a contar anécdotas de todo tipo relacionadas con su vida. Me quedé tan sorprendido como la vez que la conocí cuando pensé que hablaba demasiado. Al cabo de un rato de interesantes historias, me preguntó: "¿A qué te referías exactamente con 'maravillosas'?".

Me tomé mi tiempo para encontrar las palabras adecuadas. Era difícil explicar lo que sentía sin contarle el episodio del cementerio y todo lo que vino después. A pesar de ello, respondí:

> Cuando murieron mis padres me quedé atrapado como un automóvil dando vueltas en una rotonda. Tomé la única salida que entonces parecía abrirse ante mí. Resultó ser un camino oscuro, con niebla espesa y nada agradable.

Desde que me di cuenta de ello, siento que estoy desandando aquel camino hasta volver a la rotonda que ahora es colosal y tiene infinitas salidas. Cuanto más me meto en mi interior, y la terapia me ayuda a ello, nuevas salidas se van añadiendo cada día. Siento que hay una inmensidad de caminos nuevos esperando ser recorridos por mí.

Al hilo de aquel comentario, María me habló de un documental que vio una vez sobre los fractales. Comentó algo acerca de un programa de ordenador que basándose en las fórmulas matemáticas de dicho concepto simulaba la infinitud del Universo. Ella misma pudo experimentar con un amigo aquel programa por lo que me contó que podías elegir entre un sinfín de fractales girando en espiral. Esa elección te llevaba a otros millones de fractales distintos. Así hasta el infinito.

Después comenzó a contar la historia de su viaje a Finisterre. Allí pasó un mes ayudando con la gerencia de un albergue, donde tuvo la oportunidad de relacionarse con gente de varios países vinculados al Camino de Santiago. El ambiente era distendido y propicio para hablar de temas profundos y espirituales: noches en la playa, sonido del mar, música de guitarra y voces cantando juntas. Dijo que sintió haber conectado profundamente no solo con los demás, sino con ella misma. Comentó que vivió cada segundo como si fuera eterno. No existía nada más que el AHORA. Tanto fue así que, cuando regresó de esa experiencia, tuvo que reconectar su mente con su "anterior" vida. Explicaba cuánto le costaba conducir porque se confundía con las señales de tráfico. Confesaba que había perdido "la noción de la realidad". Al volver a casa, era como si hablara un idioma distinto que nadie entendía.

La estaba escuchando con gozo al imaginármela tan feliz. Mientras me contaba aquella historia sobre el poder del PRESENTE, podía ver la "corona" dorada alrededor de su cabeza, aquella delgada capa centelleante de la sesión anterior. Esta vez, venía acompañada de otra capa más delgada de un brillante verde.

Seguidamente, María dijo: "Bueno, ahora que te he contado este viaje mío, ¿quieres que trabajemos con tu madre?".

Asentí.

Nos pusimos de pie y elegí dos cojines. En esta ocasión, ella comenzaría en la posición de mi madre. Respiramos profundamente y comenzamos la constelación.

Como un niño cuando siente que está mejorando en la práctica de un deporte, esperaba que mi madre pudiese apreciar el avance que estaba teniendo lugar en mi interior. Por esta razón, cuando vi que ella seguía mirando para un lado al tiempo que decía sentir dolor en la zona del vientre, suspiré resignado.

Entonces, comencé a verla no ya como mi propia madre, sino como un ser humano que sufre. Me desconcertaba comprobar que el esfuerzo que hice con respecto a la relación con mi padre, parecía no haber influido en ella. Intenté pensar qué era lo que aún la mantenía enredada. Justo en aquel instante, un pensamiento llegó a mi mente como introducido por algo externo a mí. Recordé un dato que hasta ese momento había pasado totalmente desapercibido: su padre, mi abuelo materno, se suicidó cuando ella contaba con doce años.

Aquella sincronicidad con mi propia historia me dejó petrificado por un segundo. Parecía ser la clave que nos conectaba en otro nivel, apareciendo en el momento justo. Empezaba a entender su dolor desde niña así como la relación que ese hecho tuvo con su complicada vida matrimonial. Era abrumador pensar en la energía que tuvo que moverla para dar con un hombre cuyo final iba a ser el mismo que tuvo su propio padre. Reconocí aquella fuerza invisible como la misma que había estado empujándome hacia el abismo al que cayó el mío.

A pesar de la dureza de los pensamientos que cruzaban mi mente, fue gracias a ellos por lo que pude ponerme en su lugar. El hecho de haber pasado por una situación similar me otorgaba la gran oportunidad que había estado esperando desde que le prometí que iba a ayudarla. Recordé entonces todo lo experimentado el día del cementerio. Me imaginé a mi madre de pie, mirando fijamente la tumba de su padre, sintiendo la misma rabia y el mismo dolor que me invadieron a mí. Por eso, intenté comunicarme con ella. Esta vez, iba a ser yo quien, desde mi humilde posición, la animara a soltar el puñal para dejarlo caer; a abandonar la lucha; a dejar entrar el perdón y a escuchar su corazón.

En ese momento miraba fijamente a María. Podía notar la intensidad a la que mi mente y mi corazón funcionaban. Estaban conectados y trabajando en equipo. La tensión del momento era tal que tuve que cerrar los ojos por un instante...

Sobre un fondo de color marrón oscuro, apareció dibujada la silueta del cuerpo de María. Parecía el negativo de la fotografía de una pared blanca con su sombra proyectada en ella. Reconocí aquel contorno ámbar. Lo había visto ya en mi primera sesión. Sin embargo, esta vez había algo dentro de esa "figura plana dorada". Era imposible no distinguir claramente aquellos dos órganos. La forma era tal cual lo dibujan en los libros de anatomía. Ambos tenían un color verde oscuro. Además, una especie de "culebra zigzagueante" de brillante luz blanca recorría el área superior derecha de su torso, desde la parte baja del cuello hasta la altura del ombligo. "¿Qué ha sido eso?", me pregunté.

Mientras me debatía sobre si contarle o no lo que acababa de ver, María me pidió que ocupara el puesto de mi padre.

Tuve que volver a tomar aire y concentrarme. El cansancio no importaba, ya que estaba dispuesto a llegar hasta el final. Desde la posición de mi ancestro paterno, dialogar con mi madre no era nada fácil porque podía sentir su cólera. Era la primera vez que conversaban de tú a tú, uno frente al otro desde aquel "último encuentro". Consciente de la dificultad de la tarea, intenté hablarle desde un lugar de sincera modestia. Procuré insistir suavemente sobre la necesidad de comunicarse con su propio padre, pero ella —mi madre— decía que sentía mucha rabia y ganas de golpearme.

Comencé a notar temblores intensos en mi pierna izquierda. Eran tan fuertes y continuos que en más de una ocasión creí que perdía el equilibrio.

Poco a poco, con resignación y ternura, mi padre empezó a relatarle mentalmente los detalles de nuestro reencuentro. Le habló de la sorpresa al verme allí aquella mañana, de lo iracundo que me notó al principio, de lo que sintió cuando limpiaba su nombre con mis lágrimas, de la conversación que mantuvimos tras años sin hablarnos, de la LUZ que bendijo aquel momento y de la PAZ que nos inundó después.

Terminó de contarle la historia, cuando ella dijo que se sentía más calmada. Se miraron a los ojos en silencio durante varios segundos. Finalmente, pudieron cogerse de las manos. Él le pidió perdón en voz alta por todo lo que le había hecho. Le hizo saber hasta qué punto era consciente del dolor causado. Al escuchar aquello, mi madre miró al suelo por un momento esbozando una sonrisa. Volvieron a mirarse y se fundieron en un abrazo. Mis temblores cesaron.

Después de aquello, María ocupó mi posición de hijo y yo me coloqué en el puesto de mi madre. Tardó muy poco en decirme que sentía una calma enorme. Por mi parte, una de las piernas comenzó a temblar tan salvajemente como antes. Estuve a punto de irme al suelo. Esa vez, era la pierna derecha. Nos acercamos un poco el uno al otro, mirándonos a los ojos. Por primera vez en toda la terapia, mi madre y yo nos cogimos de las manos.

Intercambiamos los papeles. Volvía a ser yo mismo. María haría de mi madre. Comenzó hablando ella. Dijo que sentía mucha menos carga y también amor.

Todo parecía dispuesto. Había hecho un largo viaje para llegar hasta ahí. Pude sentir lo especial que era ese momento. Mi cuerpo estaba erguido y preparado. Cerré los ojos respirando profundamente. Me concentré en intentar sentir a mi madre. Expulsé el aire poco a poco. Aguanté la respiración hasta que me noté preparado, y solo entonces, abrí los ojos...

Cuando vi su rostro, sentí un dolor indescriptible en el centro del pecho que me hizo lanzar un grito. El cuerpo entero comenzó a temblar y mis rodillas se doblaron. El torso se inclinó hacia delante. Tuve que agachar la cabeza llevándome las manos al corazón. Creía que me iba a estallar. Tenía la boca y los ojos abiertos del sobresalto. Me faltaba el aire. Era imposible respirar. Tuve la sensación de que mi cuerpo no lograría albergar semejante sentimiento dentro de él.

Jamás había experimentado algo igual. Ni siquiera el día del encuentro con mi padre. Me arrodillé y a duras penas conseguí apoyar una de las manos para no caerme de boca. Logré colocar la frente en el suelo y continué apretando mi pecho con ambas manos intentando soportar aquello.

No había duda: mi madre me estaba dando toda su VIDA, todo su AMOR. Y yo estaba dispuesto a recibirlo.

"¡Esta mujer es increíble! ¡Cuantísimo amor siento!".

Podía notar cómo aquellas palabras de María facilitaban la entrada de ese sentimiento en mí. Me pidió que la mirara. Desde aquella sumisa posición fetal, arrodillado ante lo que para mí era un ser que me estaba otorgando un don inconmensurable, fui subiendo la mirada poco a poco, desde sus pies, pasando por las rodillas, la cintura, el torso y el cuello hasta llegar a sus ojos. Ahí pude contemplar un rostro de amor absoluto. Tenía los brazos extendidos a los lados con las palmas abiertas hacia mí. Era como si la mismísima Virgen me llamara a juntarnos en un abrazo. Despacio, aproveché la inercia para levantarme y así poder admirarla. Una vez erguido, frente a ella, sentía que éramos UNO.

Lentamente nos fuimos acercando el uno al otro, saboreando cada paso. Nos abrazamos durante largo tiempo. Mi pierna dejó de temblar. Ella me decía lo feliz y orgullosa que estaba. Yo sentía AMOR.

Suavemente, comenzó a darme la vuelta y se puso tras de mí. Me dijo que sintiera sus manos en mis hombros como un apoyo, como dos pilares que ya estaban conmigo para siempre. La PAZ y la QUIETUD que sentía no pueden ser descritas con palabras.

Cuando María me giró, me encontraba a unos tres metros de distancia frente a la pared que tenía pegado el vinilo del árbol de la vida. En ese momento, añadió: "Ahora, mira hacia adelante. Contempla tu futuro con alegría y confianza".

Mientras estaba mirando aquella pared vacía excepto por aquel pequeño vinilo, varios pensamientos pasaron por mi mente acerca de cuál sería mi futuro. Al cabo de un rato, llegaron las preguntas:

¿Qué estoy esperando exactamente? ¿Cuál es la señal que me va a impulsar a seguir hacia delante? ¿Qué necesito saber? ¿Cómo se mostrará aquello que me hace falta para continuar mi camino? ¿Realmente va a suceder algo?

Nada ocurrió durante el tiempo que planteaba en silencio todas aquellas preguntas. No sabía qué estaba esperando ni lo que María suponía que iba a suceder. De nuevo, apareció el motor de todo milagro: sentí el ferviente deseo de obtener respuesta. Después de todo lo que había experimentado anteriormente, la cosa no podía quedarse así. Algo debía acontecer.

Con los ojos abiertos y atentos a cada posible cambio en el ambiente; con la mirada fija en la parte superior de la pared; aproximadamente a la misma hora a la que tuvo lugar el encuentro en el cementerio; sobre el pequeño vinilo del árbol de la vida, una conocida amiga surgió de la nada. Pude distinguir su típico movimiento ondulante de un lado a otro, de arriba hacia abajo. No podía faltar. La nube de partículas de luz dorada, con toques de azul turquesa y verde en forma de diminutas gotas centelleantes, hizo acto de presencia.

Comenzó a moverse en espiral con rapidez. De pronto, brotó una especie de pantalla que ocupaba casi toda la pared. Parecía un portal a otra dimensión. Entonces, aparecieron detalles dentro de esa "pantalla": líneas delgadas en vertical y en diagonal.

Un momento... ¿Son rejas? ¡Es la ventana de la habitación de mis padres!

Se podía ver el paisaje a través de ella. Había árboles y alguna casa. El punto de vista sin embargo era muy bajo, ya que se veía mucho más cielo que vegetación en esa imagen.

¿Soy yo de niño? ¿He vuelto a ese momento?

La enorme ventana se fue alejando lentamente hasta hacerse mucho más pequeña, como abriendo la perspectiva para obtener una imagen más amplia. Mi sensación era la de estar a punto de asistir a una obra de teatro en la que, simultáneamente, yo formaba parte del público y del reparto. La onda de luz barría la escena una y otra vez. Con cada barrido, se desvelaba un nuevo detalle:

Eso parece una mesita de noche... ¿Es esa su cama de matrimonio?

La nube de luz se esfumó. Pasaron un par de eternos minutos y nada sucedía. ¡No podía dejarme con esa intriga! Respiré profundamente, me concentré en mi corazón como cuando practicaba la coherencia cardíaca, y el espectáculo continuó...

La onda de luz cobró intensidad en sus desplazamientos por la pared. Surgió de nuevo toda la escena a la que se le iban sumando cosas. En uno de esos barridos apareció un rostro humano casi de perfil y boca arriba. Se apreciaba claramente la forma de la frente, la nariz y los labios gracias al contraste con el fondo oscuro. ¿Mi padre?

En otro barrido pude reconocer la colcha rosada que ellos casi siempre colocaban sobre su cama. Le siguió otro rostro en la misma posición que el anterior, es decir, tendido sobre su espalda y mirando al techo de aquella "luminosa" habitación. ¡Es mi madre!

Los detalles dieron paso a una visión un tanto más general, gracias a la cual logré observar que la cabeza de ambos estaba apoyada sobre la almohada. En un momento dado, pude verlos a los dos tumbados boca arriba, cada uno en su lado de la cama. Ese dato, el recuerdo de la posición relativa que tenían al dormir en aquella habitación, era lo único que los diferenciaba. Por lo demás, eran completamente idénticos. Además de ellos, todo estaba hecho de esa luz dorado-azulada y bellísima.

La imagen volvió a desaparecer dejándome a la espera del próximo paso de la onda de luz. No sabía el tiempo que llevaba ahí de pie. María permanecía detrás de mí, sentada en su sillón, ajena a todo lo que estaba sucediendo. En ese momento, me animó a reunirme con ella. Sin apartar la mirada de la pared, le hice un gesto con la mano derecha indicándole que esperara un poco más porque presentía que la función no había acabado...

A los pocos segundos de pedirle ese tiempo añadido, apareció otra imagen que ocupaba casi toda la pared. Parecían dos dedos de una mano. Al igual que sucedió anteriormente con la ventana, la perspectiva se abrió. Entonces, pude apreciar dos manos cogidas la una a la otra. En otro "barrido de luz" sobre la pared vi aquellas dos manos y parte de los correspondientes brazos sobre la colcha rosa de la cama.

¿Mis padres cogidos de la mano?

Noté cómo las lágrimas pedían paso para unirse al momento. Aguanté para no perder detalle de lo que estaba sucediendo delante de mis propios ojos. La onda de luz continuaba tremendamente activa yendo de un lado a otro, asentando aquella imagen con cada uno de sus desplazamientos. Entonces, me percaté de que había algo al lado de mi padre, junto a la cama, entre ésta y la ventana. Comprobé que, al centrar mi atención en esa nueva sombra que de repente surgió dentro de la escena, los siguientes movimientos de la nube me facilitaban algunos detalles de la misma.

Fue entonces cuando me di cuenta de que había alguien más en esa habitación. El reparto de aquella obra celestial contaba con un tercer miembro. Ubicado a la vera de mi padre, otro ser de luz miraba plácidamente hacia la cama, observando con ternura la escena.

Su cabeza sobrepasaba por muy poco el alfeizar de la ventana que tenía justo detrás, por lo que la primera sensación que tuve fue que era un niño completamente vinculado a mis padres.

¿Un hijo? ¿Soy yo?

En un nuevo desplazamiento de la nube de partículas, pude ver que su cabello le llegaba hasta los hombros. La siguiente sensación que tuve fue que aquel tercer contorno pasaba a ser femenino.

¿Estoy viendo a Sara? ¿Mi hija junto a mi padre?

Pensar en el encuentro de la nieta con los abuelos que nunca conoció, permitió aumentar la FELICIDAD que reinaba en ese momento. Entonces, me percaté de que ese tercer protagonista cambiaba de apariencia, pasando de un niño a un adolescente arrodillado o sentado a la derecha del padre. Después de reconocer esa variación, otra persona me vino al pensamiento liberándome así de una inmensa carga: ¡Mi hermana!

En cuestión de segundos, ese último "actor" se había convertido en la representación de la descendencia de mis padres resumida en la figura del Hijo. La sorpresiva emanación de aquel andrógino ser de luz, fruto de la unión indisoluble de los padres, lo cambió todo. Me hizo sentir que mi vida hasta ese momento tenía a toda esa liberadora imagen como final de un trayecto, coexistiendo simultáneamente con un nuevo inicio: una página en blanco con infinitas posibilidades; una inesperada segunda oportunidad; un futuro despejado que hablaba de RENACIMIENTO.

El círculo se había cerrado.

Fue así como el pasado, una tenebrosa escena que asfixiaba mi corazón, quedó transformado en una luminosa alternativa: en una función que se convertía a su vez en el reflejo de algo Superior cuyos protagonistas —el Padre, la Madre y el Hijo—, compuestos por la misma sustancia radiante que el resto de la imagen, parecían mostrar que TODO ES UNO Y LO MISMO; en un cuadro resplandeciente que, en silencio, proclamaba la restauración de un eterno PRESENTE de saludable PERDÓN, bendita COMPASIÓN, inmensa PAZ, reveladora LUZ, incondicional AMOR, ilimitada CREACIÓN e infinita ARMONÍA.

Únicamente quedaba esperar la señal que indicara el momento adecuado para compartir esta historia orquestada no solo para mí, porque todo estaba preparado para escribir el libro de una nueva vida.

Agradecimientos

Quisiera mostrar mi total gratitud a:

Las personas que forman parte directa o indirecta de la historia relatada en el texto.

Todos aquellos que, de una u otra forma, me han alentado a iniciar y acabar este libro.

Marta y Sara por enseñarme algo nuevo cada día, por ayudarme a permanecer constantemente en el presente y por su amor incondicional.

Los maestros que leyeron el libro antes de su publicación: María, Dani, José Manuel, Mercedes, Pepe y Antonio. Sus intuitivos comentarios me han ayudado enormemente a expandir el mensaje lo mejor que se ha podido.

TED por su amabilidad al permitirme citar fragmentos de uno de sus videos.

Balboa Press por su inestimable ayuda durante todo el proceso de publicación.

Referencias

ATLK Trevor (2015). *Dr Wayne Dyer More Words Of Wisdom From The Father Of Motivation* [video]. Disponible en: https://www.youtube.com/watch?v=_PdtsjV40fw [Visto el 4/2/2014].

BRADEN, GREGG, *The Divine Matrix: Bridging Time, Space, Miracles and Belief,* Hay House, 2007. (*La Matriz Divina: Un puente entre el Tiempo, el Espacio, las Creencias y los Milagros,* Sirio, 2007).

MARTÍNEZ CAMPILLO, MARI CARMEN, *Esto dice el Corazón,* 2013.

SERVAN-SCHREIBER, DAVID, *Curación Emocional: Acabar con el estrés, la ansiedad y la depresión sin fármacos ni psicoanálisis,* Kairós, 2011.

SOLOMON, A. (2013). *Depresión, el secreto que compartimos* [video]. Disponible en: Andrew Solomon, TEDxMet [visto el 27/12/2013].

Biografía del autor

Santiago Bernal Melero (1978) se dedica a compartir las bondades de la completa transformación personal desde 2014. Anteriormente trabajó como arquitecto, obteniendo el título en Granada (2005) y el Diploma de Estudios Avanzados en Madrid (2010). Casado y con una hija de seis años, vive en su ciudad natal Murcia, España.

www.ellibrodelazaro.com

Printed in the United States
By Bookmasters